trabalho tanto, mereço um agrado

o prazer no consumo como compensação ao trabalho

Dados Internacionais de Catalogação na Publicação (CIP)
(Jeane Passos de Souza – CRB 8ª/6189)

Gomes, Silmara
    Trabalho tanto, mereço um agrado : o prazer no consumo como compensação ao trabalho / Silmara Gomes. – São Paulo : Editora Senac São Paulo, 2020.

    Bibliografia.
    ISBN 978-65-5536-204-6 (Impresso/2020)
    eISBN 978-65-5536-205-3 (ePub/2020)
    eISBN 978-65-5536-206-0 (PDF/2020)

    1. Trabalho : Motivações 2. Trabalho : Valores pessoais 3. Trabalho : Relações de consumo 4. Consumo hedonista I. Título

20-1167t   CDD – 658.001
                                                        BISAC BUS038000

Índice para catálogo sistemático:
1. Trabalho : Relações de consumo 658.001

SILMARA GOMES

trabalho tanto, mereço um agrado

o prazer no consumo como compensação ao trabalho

Editora Senac São Paulo – São Paulo – 2020

ADMINISTRAÇÃO REGIONAL DO SENAC NO ESTADO DE SÃO PAULO
Presidente do Conselho Regional: Abram Szajman
Diretor do Departamento Regional: Luiz Francisco de A. Salgado
Superintendente Universitário e de Desenvolvimento: Luiz Carlos Dourado

EDITORA SENAC SÃO PAULO
Conselho Editorial: Luiz Francisco de A. Salgado
Luiz Carlos Dourado
Darcio Sayad Maia
Lucila Mara Sbrana Sciotti
Jeane Passos de Souza

Gerente/Publisher: Jeane Passos de Souza (jpassos@sp.senac.br)
Coordenação Editorial/Prospecção: Luís Américo Tousi Botelho (luis.tbotelho@sp.senac.br)
Dolores Crisci Manzano (dolores.cmanzano@sp.senac.br)
Administrativo: grupoedsadministrativo@sp.senac.br
Comercial: comercial@editorasenacsp.com.br

Edição e Preparação de Texto: Rafael Barcellos Machado
Revisão de Texto: Isabela Talarico, Janaina Lira
Projeto Gráfico e Editoração Eletrônica: Veridiana Freitas
Capa: Veridiana Freitas
Ilustrações: Adobe Stock
Impressão e Acabamento: Gráfica CS

Proibida a reprodução sem autorização expressa.
Todos os direitos desta edição reservados à
Editora Senac São Paulo
Rua 24 de Maio, 208 – 3º andar – Centro – CEP 01041-000
Caixa Postal 1120 – CEP 01032-970 – São Paulo – SP
Tel. (11) 2187-4450 – Fax (11) 2187-4486
E-mail: editora@sp.senac.br
Homepage: http://www.livrariasenac.com.br

© Editora Senac São Paulo, 2020

SUMÁRIO

nota do editor, 7

apresentação, 13

1 **tem gente que trabalha por dinheiro, e isso não é um problema, 22**
A RELAÇÃO ENTRE O SER HUMANO E O TRABALHO, 24

2 **o que te motiva a trabalhar?, 50**
ESTUDOS SOBRE MOTIVAÇÃO, 52

3 **eu sou essa pessoa, 70**
VALORES, 72

4 **trabalho tanto, mereço um agrado, 102**
CONSUMO UTILITARISTA, 104
CONSUMO HEDÔNICO, 110

bibliografia, 123

índice geral, 127

nota do editor

Muitas pessoas se perguntam se devem trabalhar com o que dá dinheiro ou com o que dá prazer. De fato, é cada vez mais difundida a noção de que o mais importante é trabalhar com o que se gosta. Porém, tem gente que trabalha por dinheiro, e isso pode não ser problema algum.

Para justificar essa afirmação, a autora Silmara Gomes busca compreender muitos profissionais que dizem não se sentir realizados no trabalho, mas que permanecem no emprego por causa das conquistas que o salário lhes permite alcançar em outras áreas da vida. Dessa forma, em vez de encontrar uma profissão na qual se sintam realizados, esses trabalhadores conscientemente vendem sua força de trabalho, sabendo que a remuneração os ajudará a conquistar agrados que realmente tragam prazer e contentamento para sua vida.

Nesse contexto, o ato de conceder a si mesmo esses agrados passa a ser uma jornada de autoconhecimento, afinal, precisamos saber o que realmente valorizamos para que o agrado nos traga sentimento de prazer e realização. Por exemplo, se seus valores pessoais mais íntimos apontam para tradição e conservação, talvez não adiante muito investir em um agrado como uma viagem de intercâmbio para conhecer novas culturas – algo que tocaria profundamente uma pessoa com valores relacionados com a abertura à mudança. Nesse caso específico, talvez uma viagem para visitar a família ou um projeto de pesquisa da sua árvore genealógica constituam agrados mais ligados à valorização da tradição, sendo, assim, mais capazes de proporcionar realização e propósito ao indivíduo.

Para nos guiar nesse processo de descoberta, nas próximas páginas a autora explica a relação entre motivação, necessidades, valores e agrados, além de fornecer questões práticas para que o leitor descubra os motivos pelos quais não se sente realizado no trabalho, apontando também a direção para que identifique o que, de fato, pode lhe trazer prazer e propósito.

À minha mãe, Maria Rosa de Oliveira

"A responsabilidade do escritor como um agente moral é tentar apresentar a verdade sobre assuntos de significância humana para um público que pode fazer alguma coisa a respeito. Isso é parte do que significa ser um agente moral em vez de um monstro."

Noam Chomsky

.

apresentação

Meu nome é Silmara Cristiane Gomes. Nasci em Marília, interior de São Paulo, negra e de uma família com poucos recursos financeiros. Minha mãe estudou até a quarta série, e meu pai era semianalfabeto – sabia ler e escrever muito pouco, ou quase nada. Minha mãe sonhava em ser professora, mas meu avô acreditava que mulheres não precisavam estudar. Assim, o sonho dela foi deixado de lado, mas isso não a impediu de criar outros tantos sonhos ao longo da vida, conquistados com seu próprio esforço e coragem. Vale dizer que somos três irmãos, os quais minha mãe precisou criar sozinha, já que meu pai preferia a boemia... algo que, confesso, herdei dele. De minha mãe, herdei, entre outras tantas coisas, o prazer pela leitura. No final, acho que boemia e livros deram uma boa junção.

Acho importante que entendam um pouco desse contexto.

Muitas vezes ao longo da vida me perguntei por que estamos em um lugar e não em outro. Também me pergunto com frequência como alguém com meu histórico se tornou doutora em administração e há quase duas décadas tem construído uma carreira docente. Hoje, entendo que foram escolhas, que nem sempre foram apenas minhas. Tudo começou com as escolhas que minha mãe fez.

Quando meus pais se separaram, minha mãe precisou escolher onde morar, onde trabalhar e como cuidar de três filhos. Uma dessas escolhas foi relativa a nossos estudos. Ela entendia a importância de estudarmos; entendia que para todos – mas principalmente para os pobres, negros e outras minorias em geral – estudar é um dos maiores atos de rebeldia. Sendo assim, ela nos incentivou e cobrou o estudo, até que chegamos ao momento de cursar uma faculdade. Porém, não tínhamos oportunidades em universidades públicas, por inúmeros fatores. Então, ela optou por mudar de profissão, reduzir seu salário e trabalhar como auxiliar de serviços gerais em uma instituição que dava bolsa de estudos para que os filhos dos funcionários cursassem o bacharelado. No entanto, só duas opções eram oferecidas: direito ou administração. Optei pelo curso de direito, mas um erro na matrícula me obrigou a cursar uma semana do curso de administração. Foi o suficiente para que eu desistisse da advocacia: entendi que administração era exatamente aquilo que eu queria, pois o estudo de teorias administrativas me agradou profundamente.

Essa percepção nasceu nas aulas do professor Francisco Serralvo, alguém que marcaria profundamente toda a minha carreira acadêmica. Durante a faculdade, o professor Serralvo me disse que eu tinha talento para a carreira docente. Acreditei nele e me dediquei a essa formação, tanto que após terminar a faculdade fui para o Mato Grosso, onde pude lecionar e apreender muito. Após alguns anos lá, reencontrei o professor Serralvo, que então me perguntou: "Não acha que está na hora de voltar? De fazer o mestrado?". Mais uma vez, acreditei nele e me mudei para São Paulo. Dessa forma, fui pega pela pesquisa: fiz o mestrado e, em seguida, o doutorado também, ambos sob a orientação do professor Serralvo.

A ideia de pesquisar a relação entre trabalho e valores surgiu em uma aula do curso de estudos críticos do programa de pós-graduação em semiótica da PUC-SP, em que estávamos discutindo a "Aula de 14 de março de 1979", do livro *Nascimento da biopolítica*, de Foucault. Quando a discussão teve início, para mim era claro que Foucault se referia à volta do *homo economicus* como um empreendedor de si mesmo, alguém que vendia sua força de trabalho de forma consciente e não romantizada, alguém que trabalhava por dinheiro e não via problema nisso. Acontece que eu era a única administradora na sala de aula, e a maior parte dos meus colegas de classe eram cineastas e artistas plásticos. Obviamente fui contestada, chamada de capitalista e outras tantas coisas, até que consegui mostrar que nem sempre e nem todo mundo deseja trabalhar por propósito ou por prazer. Terminada a aula, o professor que conduzia a discussão me disse: "Você entendeu qual será sua tese de doutorado, não é?".

De fato, o tema do ressurgimento do *homo economicus* parecia muito interessante, mas eu supunha que esse conceito, explorado amplamente pelo taylorismo, já havia caído por terra, pois grande parte dos estudos administrativos conclui que só o dinheiro não motiva, que precisamos de um propósito maior para trabalhar e que outros fatores impactam nossa motivação.

Assim, comecei a procurar compreender se o retorno do *homo economicus* fazia sentido para outras pessoas. Conversando com amigos, comentava sobre o conceito, mas dizia que não tinha certeza de que, hoje, os indivíduos se motivam a trabalhar exclusivamente por dinheiro.

No entanto, de forma unânime, meus amigos respondiam que trabalhavam, sim, por dinheiro. Eles queriam ganhar bem para ter segurança, estabilidade e, principalmente, ter acesso a coisas relevantes para sua alegria, seu prazer e sua qualidade de vida. Para eles, o trabalho poderia ser apenas um meio para conquistar aquilo que realmente lhes traria prazer e realizações pessoais.

Aqueles comentários me incentivaram a realizar estudos sobre a volta do *homo economicus*, sobre questões motivacionais relacionadas ao trabalho, sobre valores e seu impacto no trabalho dos indivíduos imersos pela pós-modernidade. De forma simplista, pode-se exemplificar esses indivíduos pós-modernos com a simbologia do coelho na obra *Alice no país das maravilhas*, de Lewis Carroll. O coelho está sempre correndo e se sentindo atrasado, assim como muitos de nós nos sentimos em relação ao trabalho e à vida: precisamos correr cada vez mais para nos sentirmos menos atrasados em relação aos anseios e conquistas planejados. Vemos a todo o tempo jovens entre 25 e 30 anos se sentindo atrasados por não terem concluído uma pós-graduação, por não serem bem-sucedidos na profissão que escolheram e por não serem infalíveis nas atividades que exercem, de modo que correm atrás de um prejuízo que, de fato, não existe. Como o coelho, eles se sentem atrasados e correm sem saber exatamente para onde.

Como parte das minhas pesquisas de doutorado, fui para a Universidade de Santiago de Compostela, na Espanha, onde consegui entender essa sensação de atraso e de correr sem saber exatamente para onde. Cheguei à Espanha no final do dia e fui direto para a casa que havia alugado. Organizei meu espaço, descobri como fazer para chegar à universidade, saí para jantar em um pub, onde assisti pela tevê a um jogo entre Barcelona e Real Madrid – afinal, ninguém é de ferro, e eu queria entender como era a experiência de assistir a esse clássico em plena Espanha. No dia seguinte, cedo, estava na universidade. Conheci os pesquisadores com quem aprenderia e compartilharia conhecimentos pelos próximos sessenta dias e, então, comecei a trabalhar na minha pesquisa. No meio da manhã, a pesquisadora que me acompanhava convidou-me para um café. Recusei. Quando chegou a hora do almoço, ela refez o convite. Mais uma vez, recusei e comi um lanche em frente ao computador, afinal, sentia-me atrasada: precisava produzir antes de parar para conversar com eles.

Após o almoço, a pesquisadora me informou que a universidade não funcionava à noite, pois eles não tinham cursos noturnos – algo comum na Europa. Fiquei frustrada, pois queria trabalhar até tarde – sentia-me atrasada. Fiquei lá até o segurança me pedir para sair. Quando cheguei em casa, trabalhei mais. No outro dia, estava cedo novamente na universidade, negando mais uma vez o café e o almoço, até que a pesquisadora me chamou e disse: "Toda vez que vêm brasileiros para cá, preciso ter a mesma conversa. Você acredita mesmo que está sendo produtiva fazendo as coisas dessa forma? Acredita que pode ser produtiva correndo assim, dormindo mal, alimentando-se mal e não se exercitando?". Ela, então, pediu que a partir daquele momento eu fizesse como eles e testasse: eu deveria fazer de duas a três horas de almoço, ir ao parque para caminhar, interagir socialmente e jantar em casa. Achei absurdo, mas decidi testar. Foi interessante perceber que, ao caminhar no parque, muitas vezes me vinham ideias maravilhosas à mente, que com certeza não teria trancada no escritório. Percebi a importância de saber para onde vou.

No fim, aquele foi um dos períodos mais produtivos da minha carreira. Percebi que é possível ter prazer em uma vida desvinculada do trabalho, tanto quanto é possível ter prazer no trabalho ou ter prazer em uma vida pautada pelo trabalho. Percebi que sem entender o que me faz bem, particularmente bem, posso acabar em uma zona de conflito. Essa relação conflituosa com o trabalho e com a vida – de dúvida constante em relação aos prazeres, obrigações e necessidades – pode conduzir os indivíduos a estados de conflito em relação aos seus valores e orientações.

Dessa forma, busquei compreender as estruturas teóricas sobre o que motiva os indivíduos e como motivá-los. Com isso, pesquisei as mudanças que ocorreram no mundo do trabalho nos últimos anos, os reflexos dos valores laborais e pessoais nas relações entre indivíduos e organizações, bem como suas particularidades e individualidades, e como essas relações podem estar próximas das relações de consumo.

Alguns desses estudos conduziram à percepção de uma relação direta entre trabalho, motivação, valores e consumo hedonista. Por exemplo, quantas vezes, após uma difícil semana de trabalho, nos permitimos ir a um restaurante mais caro, fazer uma viagem rápida, comprar uma roupa nova, etc.? Esse tipo de agrado pode ser entendido como uma compensação pelo fato de o trabalho que executamos, ou seu ambiente, estar em conflito com nossos valores. Então, como identificamos esse conflito? Como essa relação é estabelecida? Será que compensar é errado?

Lembra-se de que falei que minha mãe trocou de trabalho para poder prover o acesso à educação dos filhos? As escolhas dela foram pautadas por valores, que certamente mudaram os rumos por onde transitamos. Em minha pesquisa, entendi que a escolha dela foi pautada por um elemento de valor hedonista, que é a benevolência: poder fazer o bem para alguém. Essa também é uma forma de compensação. Ela conseguia se sacrificar e suportar um dia difícil, pois, ao chegar em casa, entendia que seus filhos poderiam estudar e crescer.

Será que ela fez isso entendendo a teoria? Provavelmente não, mas o fez com a consciência de que o sacrifício era compensado pela trajetória criada. Ou seja, ela vendia sua força de trabalho de forma consciente, e isso faz toda a diferença.

Assim, este livro busca tratar essas questões, demonstrar as bases dos conflitos mencionados, explicar as ações hedonistas de consumo e auxiliar os leitores a agirem de forma racional e consciente em relação aos seus atos de compensação.

**tem gente
que trabalha
por dinheiro,
e isso não é
um problema**

a relação entre o ser humano e o trabalho

::

Para você, o dinheiro é a maior motivação para trabalhar?

::

Essa é uma questão que povoa o imaginário de teóricos da administração e de outras áreas, desde clássicos, como Frederick W. Taylor – que acreditava que apenas o dinheiro motivava o homem e que o indivíduo, de modo geral, era preguiçoso e tendia a não trabalhar, caso não houvesse vigilância e incentivo salarial adequado –, até autores atuais, como Yuval N. Harari – que fala de modelos de sociedades pós-trabalho, entendendo que podemos ter um grande número de pessoas, em pouco tempo, que não conseguirão se adequar aos novos rumos do trabalho e que, portanto, vão precisar de uma Renda Básica Universal (RBU), assim como outras tantas que acreditam, ou acreditarão, que cooperação, significado e comunidade podem suplantar o trabalho.

Essa pergunta também pode tirar a noite de sono de muitos profissionais hoje em dia. Afinal, vale a pena arriscar uma posição consolidada em uma empresa pela possibilidade de ganhar mais em outra? Deve-se trabalhar com o que se gosta ou se deve procurar um emprego que pague bem? Será mesmo que quem trabalha com o que gosta, no fundo, não trabalha? As respostas a esses questionamentos são íntimas e pessoais, mas nas próximas páginas gostaria de compartilhar como minha percepção a respeito desse assunto – e de outras questões relativas ao trabalho – se transformou ao longo do tempo, com base em algumas experiências pessoais, em minhas pesquisas do doutorado e em meu estudo da obra de Frederick W. Taylor e de autores variados.

Para que possamos falar sobre trabalho, é preciso contextualizar o assunto e compreender alguns aspectos que construíram o mundo do trabalho como o conhecemos atualmente. Nessa contextualização, percebemos que há fatos históricos, teorias e movimentos sociais, econômicos e políticos que promoveram mudanças e alteraram a forma como entendemos e lidamos com o trabalho.

Do campo para a fábrica

Os estudos sobre o trabalho são antigos, visando entender sua participação na construção da identidade pessoal e seu impacto na forma como o indivíduo era entendido na sociedade. Antes da Primeira Revolução Industrial, a maioria das pessoas trabalhava no campo, e apenas algumas poucas trabalhavam como artesãs ou em atividades mais especializadas. As condições eram duras, e trabalhar era preciso, era um dever. Em razão da falta de mobilidade social, o trabalho também era uma ferramenta, não tão precisa, de definição de identidade.

A Primeira Revolução Industrial, que ocorreu aproximadamente entre 1780 e 1860, foi a revolução do carvão e do ferro. A forma como se entendia o homem em relação ao trabalho naquela época, bem como o movimento de mudança ocorrido naquele período, pode ser identificada no livro *A ética protestante e o "espírito" do capitalismo*, escrito por Max Weber em 1904. Nessa obra, Weber consegue, entre outros tantos pontos importantes, demonstrar que antes da reforma protestante entendia-se o trabalho como uma necessidade e um sacrifício, ao passo que após a reforma desenvolveu-se a noção de que é possível e desejável lucrar por meio do trabalho.

Portanto, nesse período, operou-se uma transição dos métodos de produção de manufatura para os métodos fabris de produção, de modo que o número de artesãos diminuiu, ao mesmo tempo que mais fábricas surgiram. Assim, a demanda por novas profissões cresceu, ao mesmo tempo que algumas profissões antigas foram extintas. Os trabalhadores deixaram de operar ferramentas manuais para se tornarem especialistas na operação de máquinas, o que resultou, em algumas fábricas, na divisão do trabalho. Com isso, a velocidade produtiva aumentou, e alcançaram-se a padronização dos elementos produzidos e a dinamização de algumas atividades. Apesar disso, as condições laborais ainda eram bastante pesadas, com longas jornadas de trabalho e, muitas vezes, ambientes insalubres – fator acentuado pela rígida disciplina das fábricas.

A respeito da divisão do trabalho, uma excelente referência é o livro *Administração, poder e ideologia*, do professor Maurício Tragtenberg. Nessa obra, fruto de sua tese de doutorado, ele consegue demonstrar como o mundo do trabalho mudou em diversos momentos, destacando como o indivíduo se distanciou do seu labor durante a Primeira Revolução Industrial, justamente por causa da divisão do trabalho. Ele apresenta, inclusive, o relato de um trabalhador de indústria que não vê o produto final do seu trabalho, que não sabe para que finalidade seu trabalho serve. Ou seja, para muitos trabalhadores, o produto final do seu trabalho está distante, inacessível, de forma que seu trabalho não lhe gera nem orgulho, nem prazer. Isso me faz recordar a música *Cidadão*, de Zé Geraldo, que descreve um trabalhador que não pode nem olhar para o prédio que ajudou a construir.

Produzir, produzir, produzir!

A Segunda Revolução Industrial, que ocorreu aproximadamente entre 1860 e 1914, foi a do aço e da eletricidade. Atualmente, a eletricidade é algo corriqueiro, tanto que, se falta energia, ainda continuamos apertando um interruptor, tentando chamar o elevador e não lembrando que um fogão elétrico não vai nos auxiliar a fazer o café. Porém, imagine como foi ver uma luz elétrica acendendo pela primeira vez. Imagine o impacto da descoberta e o número de possibilidades que se abriram para os empreendedores da época, com máquinas operando em altas capacidades produtivas. Nesse período, foram impulsionadas as indústrias e as transformações sociais e culturais, com o surgimento das relações sindicais e dos trabalhos centrados em produtividade, com baixas faixas de treinamentos e instrução.

Essas modificações na forma de trabalhar possibilitaram perspectivas diferentes de estudos sobre o trabalho: havia autores que olhavam pelo ângulo do trabalhador e dos impactos que o trabalho lhe causava, assim como havia autores que olhavam pelo ângulo das organizações e de como elas entendiam esses movimentos.

Um dos principais autores que buscaram compreender como os movimentos do trabalho impactavam as organizações nesse período foi Frederick W. Taylor, um engenheiro mecânico norte-americano que se devotou a encontrar maneiras de aumentar a eficiência na indústria. Em seu livro mais expressivo, *Princípios de administração científica*, publicado em 1911, ele aplicava princípios de engenharia ao trabalho realizado no chão de fábrica.

Nessa obra, ele cunhou o conceito de *soldiering*, um termo importante para a compreensão de como se entendia o trabalho. *Soldiering* vem do inglês *soldier*, ou soldado, e faz menção à forma lenta como os recrutas executavam as ordens recebidas, já que sua remuneração não seria alterada se realizassem a atividade mais rapidamente. Taylor utilizava esse termo para afirmar que o trabalhador e sua produtividade estavam diretamente ligados à exigência, à cobrança e à remuneração, e que por conta disso os trabalhadores eram dados a vadiar a qualquer momento, em vez de dar o máximo de si para a execução da sua tarefa. Por isso, no Brasil, *soldiering* foi traduzido como vadiagem sistemática.

Nessa obra, ele também demonstrou a aplicação do conceito do *homo economicus*, termo cunhado anteriormente por economistas, defendendo que o indivíduo trabalha exclusivamente por dinheiro e que sua produtividade e comprometimento têm relação direta e indissociável com os ganhos financeiros obtidos pelo trabalho. Ou seja, Taylor entendia que o trabalhador tinha de ser estimulado e cobrado para executar suas tarefas. Ele também via o trabalho como uma obrigação que não tinha relações diretas com o prazer e a completude. Exatamente por esse motivo, as atividades fabris nos baixos níveis eram repetitivas e desgastantes (apesar disso, trabalhos em níveis superiores eram vistos de outra forma, por se entender que eram executados por outro tipo de indivíduo). Assim, eram defendidos aspectos puramente racionais para a execução do trabalho, tais como relações simplistas, do tipo "ganha mais quem produz mais". Além disso, nesse período foram difundidas noções de que a natureza do trabalho não impactava o desempenho, desde que se pagasse bem.

Ao longo dos anos 1920, a crença da racionalidade como única via nas relações de trabalho era preponderante. Porém, o mundo passava por um momento em que era necessária uma mudança nos modos de produção, pois a visão do indivíduo como máquina e o racionalismo extremo perdiam espaço, dando lugar a um ambiente que necessitava ser mais acolhedor.

O ambiente de trabalho

Assim, buscando entender melhor a relação entre a produtividade dos trabalhadores e o nível de iluminação das fábricas, um experimento foi conduzido na fábrica da Western Electric Company no bairro de Hawthorne, em Chicago, entre os anos de 1924 e 1932. A pesquisa fez com que o psicólogo Elton Mayo, um dos responsáveis pela experiência, desse início ao estudo de conceitos que pautaram a teoria das relações humanas e colocaram em cheque as bases do taylorismo.

Uma das descobertas mais marcantes da experiência foi a compreensão de que o ambiente de trabalho impacta a produtividade das pessoas, indicando que o dinheiro não era a única motivação do indivíduo, mas que o eram também suas relações sociais e interpessoais nos ambientes laborais. Desde então, passou-se a estudar grupos formados fora da estrutura hierárquica desenhada pela organização, buscando-se entender como os grupos agem, como as relações sociais impactam as atividades laborais, como a atuação de líderes impacta a produtividade do indivíduo e coisas do gênero. Com isso, começou-se a compreender que alguns aspectos subjetivos e não racionais influenciavam o comportamento do trabalhador.

Em suma, não somos cem por cento racionais quando trabalhamos. A todo instante, tomamos decisões pertinentes às rotinas laborais que nos impactam futuramente e que sabemos que vão nos impactar. Sabemos que não são a melhor escolha, mas ainda assim as escolhemos. Quem nunca protelou uma entrega profissional, faltou ao trabalho sem motivo real, recusou uma tarefa ou a executou conscientemente de forma falha? Podemos ir além: quantas pessoas não trocam de emprego ou pedem demissão por questões emocionais?

Em contrapartida, na mesma época, aqui no Brasil, com a ascensão de Getúlio Vargas, ainda se aplicava o taylorismo de forma intensa, inclusive na gestão pública. Exemplo disso são as seleções de trabalhadores baseadas no conceito de seleção científica de Taylor. Esse conceito prega que o trabalhador deva ser contratado considerando unicamente suas habilidades para a execução da tarefa, um tipo de processo de seleção que foi considerado eficaz durante muito tempo. Isso me faz recordar de meu padrasto contando como havia conseguido aprovação em um concurso para ser saqueiro (profissionais que carregam sacos) no mercado municipal de São Paulo, no final dos anos 1950. O concurso consistia em conseguir erguer do chão um saco de cinquenta quilos, provando assim sua capacidade para executar a tarefa. Como meu padrasto desejava imensamente o emprego, fez tanta força para erguer o saco que atingiu em cheio o avaliador. O resultado? Foi contratado imediatamente, pois provou sua força e aptidão. Graça à parte, é preciso notar que esse princípio, remanescente do taylorismo e da antiga noção de *homo economicus*, ainda era tido como válido no Brasil duas décadas após já ter sido deixado de lado nos Estados Unidos.

Por meio da experiência de Hawthorne, começou-se a entender que o ambiente no trabalho impacta diretamente a produtividade do indivíduo. Quando compreendemos essa característica do ser humano, percebemos que o trabalho vai muito além da ação e da execução. Que bom que mudamos! Desde a década de 1930 até atualmente, aprendemos a olhar para as relações laborais com olhos que entendem que nem tudo é tão racional assim. Contudo, esse processo não foi imediato, mas deu-se paulatinamente ao longo dos anos.

Mudanças sociais, mudanças no trabalho

O ser humano muda, e durante uma guerra essa mudança é inevitável. Afinal, ninguém permanece o mesmo após um míssil cair em sua casa. Dessa forma, durante e após a Segunda Guerra Mundial, os indivíduos, as prioridades, as relações e o próprio trabalho sofreram muitas modificações. As mulheres precisaram ocupar mais postos nas indústrias e a produtividade voltou a ser central, visto que as questões emocionais estavam focalizadas em outro ponto.

No pós-guerra, muitas coisas tinham de ser reconstruídas: cidades, vidas, relações, estruturas de poder, entre outras. A construção e a reconstrução dos povos passam pelo trabalho e, nesse caso, não foi diferente. Onde era necessário reconstruir estruturas, cidades, forças políticas e econômicas, surgiram aspectos regulatórios mais exigentes em relação ao trabalho. Onde o enfoque era reconstruir vidas, relações e reorganizar ordens sociais e políticas, apareceram aspectos motivacionais relativos ao trabalho.

Nesse período, também surgiram teorias motivacionais que são importantes até os dias atuais, sobre as quais falaremos de forma mais detalhada no próximo capítulo, para que possamos entender em que ponto estamos nessa construção histórica.

Outro ponto importante que se inicia com os estudos comportamentais dessa época é a compreensão de que aspectos exteriores ao salário – tais como o trabalho aos sábados, benefícios, férias, prêmios de produção, participação nos lucros, flexibilidade de horários e *home office* – podem servir de motivação e integrar o processo de negociação com cada colaborador. Essa compreensão vem evoluindo até os dias atuais, e fica cada vez mais óbvio que apenas o salário já não é fator determinante para as escolhas profissionais, pois entram em jogo fatores como flexibilidade de horários, políticas mais liberais de condução de atividades, etc.

Por volta da década de 1960, os movimentos hippies de contracultura, paz e amor também impactaram as relações de trabalho. Com eles surgiram outras lógicas de vida e relações sociais, e as pessoas começaram a entender que a relação laboral não precisa ser o centro do seu mundo. Se antes a lógica era a do trabalho como extensão direta do indivíduo, a partir de então os jovens passaram a mostrar que os movimentos culturais e sociais, os posicionamentos políticos e as lutas por igualdade poderiam ocupar o lugar central de sua vida, em vez do trabalho.

A partir da década de 1970, as organizações começam a passar pela vida das pessoas como situações transitórias em vez de definitivas. Jovens viram seus pais serem descartados pelas organizações – e sofrerem, se desesperarem, perderem rumo e chão – e passaram a entender que as organizações e o trabalho que elas oferecem estão mais para meios do que para fins. O trabalho começou a ser visto, conscientemente, como uma fonte de renda – apenas mais um dos inúmeros aspectos da vida, e não mais o ponto central da vida que justifica todos os outros.

O retorno do *homo economicus*

É nesse contexto que Foucault, no final da década de 1970, fala sobre a volta do *homo economicus* como um trabalhador que conscientemente vende sua força de trabalho, seu comprometimento e seu envolvimento com a organização pela qual é contratado. Ele é um empreendedor de si mesmo, que se coloca à venda, sabendo o que está vendendo e por quanto o está vendendo. Ao ponderar sobre essa venda, o *homo economicus* analisa o que ganha e o que perde, refletindo sobre suas possibilidades de realização na organização e fora dela, assim como as condições oferecidas pelo negócio.

Na década de 1980, as perspectivas sobre vantagem competitiva nas organizações, descentralização de poder e gerenciamento estratégico, que vinham sendo defendidas por Peter Drucker nas décadas anteriores, tomam ainda mais força. O conceito de vantagem competitiva trouxe para as organizações o entendimento de que as empresas precisam ter diferenciais para conseguir alcançar seus clientes. Essas vantagens, em muitos casos, são resultado da contratação de profissionais qualificados. Passa-se a compreender que é mais importante contar com trabalhadores orientados por objetivos, capazes de alcançar as metas estabelecidas, do que com meros replicadores de atividades. Assim, os profissionais que chegam ao mercado nesse período entendem que a estabilidade é importante, mas que a ascensão profissional também o é. Eles estão dispostos a deixar as organizações onde estão, caso isso seja necessário para o seu desenvolvimento.

Em contrapartida, sempre me lembro de que, quando comecei a trabalhar, minha mãe me recomendou cuidado para não "sujar a carteira de trabalho". O que ela queria dizer com isso? Que eu deveria ficar tempo suficiente no primeiro emprego, para que não me avaliassem como uma trabalhadora volúvel. O pensamento dela vinha de uma época anterior, em que era um mérito mudar pouco ou nunca mudar de emprego. Porém, naquele momento, assim como hoje, vivemos outros tempos. Atualmente, mudar de emprego pode demostrar que estamos atentos ao mercado, buscando melhores condições e crescimento profissional. É cada vez mais comum a compreensão de que as empresas são temporárias em nossas vidas, mas que, enquanto integrarmos o quadro de uma empresa, devemos ser comprometidos com a organização e honestos como profissionais.

Nos anos 1990, a ideia das organizações que apreendem tomou força com os escritos de Peter Senge. A aprendizagem organizacional demostra a necessidade da reinvenção e replicação constante de valores, práticas, conhecimentos e *expertises*. O trabalhador é o protagonista, afinal, empresas são construídas e constituídas por pessoas.

Nos anos 2000, o conceito de organizações orgânicas defendido por Robbins ganha força nos ambientes corporativos. A organização orgânica tem por característica ser aberta, adaptável e flexível. Ela utiliza equipes interfuncionais e tem uma estrutura organizacional mais achatada, ou seja, com menor número de linhas hierárquicas, de forma que os colaboradores participam do processo de tomada de decisão. Por exemplo, ao se realizar uma contratação, passa a ser muito comum que a área responsável leve o candidato para conhecer o possível local em que vai trabalhar, e que posteriormente a equipe opine sobre as pessoas consideradas para a vaga.

Hoje, o trabalho é um elemento importante nas nossas vidas. Faça um teste: observe sua agenda de telefone – seus contatos – e avalie: quantos estão com o nome ou logo da empresa onde trabalham? Ou quantos você conheceu em um ambiente de trabalho?

Apesar dessa tremenda importância, cada pessoa atribui variados significados a sua experiência laboral. Somos diferentes (ainda bem!), de forma que nem todo mundo quer ser CEO de uma multinacional e nem todo mundo quer ter apenas uma casa no campo para ouvir seus rocks rurais (parafraseando Zé Rodrix). Temos expectativas e perspectivas diferentes. O ser humano é múltiplo, ímpar, único e complexo. Esse mesmo ser humano é o elemento central das organizações e a matéria-prima para as relações laborais. É essa complexidade que nos leva a entender como nos relacionamos com o mundo do trabalho, que muda, que oscila e que se transforma constantemente.

Por isso, é preciso compreender que, para alguns indivíduos, o trabalho só faz sentido se tiver um propósito, se oferecer uma oportunidade de mudança e se for desafiador; mas, para outras pessoas, o trabalho apenas faz sentido quando compra, de forma justa, sua força de trabalho, que está à venda, e que o restante se resolve com as possibilidades que o trabalho gera. Pessoas assim são empregados, funcionários, colaboradores e parceiros. São, sim, como defendeu Foucault, *homo economicus* modernos, ou empreendedores de si mesmos.

Valores em conflito

Sempre que falo em minhas aulas sobre a teoria do *homo economicus* e da perspectiva do indivíduo que trabalha apenas por dinheiro, observo meus alunos e, invariavelmente, encontro alguém movimentando a cabeça de forma afirmativa. Por outro lado, sempre que explico as teorias atuais, que entendem que só o dinheiro não motiva, com certa frequência ouço alunos dizerem que, ainda assim, acham que dinheiro, sozinho, motiva.

Intrigada por esses posicionamentos, passei a comentar com amigos e colegas a respeito desse assunto, e muitos deles afirmavam ser motivados por dinheiro – que trabalhavam por dinheiro e que, depois, o dinheiro lhes ajudava a encontrar prazer ou propósito. Consegui entender que eles estavam falando do prazer de morar bem, de viajar ou de sustentar um hobby, e que isso os ajudava a se manter em empregos que não os preenchiam, mas que pagavam bem, que compravam de forma adequada a sua força de trabalho. Sim, eles queriam vender a sua força de trabalho por dinheiro, independentemente de outras questões relacionadas ao ambiente laboral.

Essa forma de se relacionar com o trabalho me chamou atenção, afinal, estamos tão acostumados a ouvir sobre trabalhar com propósito, sobre trabalhar com o que se gosta, sobre a realização advinda de um trabalho que preenche, que esquecemos de ver o outro lado dessa moeda. Então, uma pergunta começou a me incomodar desde então:

::

Como se explica essa atitude de *homo economicus* ganhando espaço ainda hoje?

::

Em minhas pesquisas, encontrei as teorias de Schwartz, Ros e Tamayo, entre outros, que estudam a relação entre as estruturas individuais de valores de vida e de valores de trabalho. Para Schwartz, essas estruturas de valores costumavam se relacionar via difusão, ou seja, aquilo que é valorizado em uma estrutura de valores também será valorizado na outra. A teoria de Schwartz para a difusão dos valores foi confirmada por suas próprias pesquisas, realizadas em vários locais do mundo, e também por outros tantos pesquisadores que utilizaram seus métodos ao longo dos anos, como Elizur e Sagie, em 1999, que também indicavam a exclusividade de relações de difusão entre as estruturas de valores, bem como a ausência de conflitos de valores entre as amostras estudadas.

No entanto, nas últimas duas décadas surgiram algumas pesquisas que já não demonstravam a exclusiva ausência de conflitos entre valores laborais e pessoais, mas atestavam estatisticamente a existência de amostragens de indivíduos cujos valores se encontravam em relações conflituosas, como o estudo conduzido no Brasil por Porto e Tamayo em 2007.

A relação de conflito identificada nessa pesquisa foi positiva, mas com um valor ainda muito baixo, de modo que os pesquisadores não julgaram oportuno aprofundar-se na questão. Apesar disso, seu estudo permitiu observar que há pessoas que, por exemplo, buscam a estabilidade, a segurança e a ordem por meio do trabalho, mas que, por outro lado, dão abertura a experiências novas, variadas e estimulantes em sua vida pessoal.

Considerando que o teste realizado por Porto e Tamayo aconteceu antes da década de 2010, e que os autores não promoveram novos estudos posteriores, decidi realizar um pequeno teste com universitários na cidade de São Paulo, para verificar se essa relação se mantinha, antes de decidir embarcar de vez nesta pesquisa.

Com uma amostra de 44 indivíduos, foi possível constatar que havia, sim, aqueles que cultivavam uma relação conflituosa entre seus valores laborais e pessoais, atestando que é possível que valores pessoais e laborais conflitantes coexistam em uma mesma pessoa. Isso quer dizer que aquilo que é valorizado no âmbito pessoal não é valorizado no âmbito do trabalho, e vice-versa. Imagine que seus valores de vida são de estimulação: você gosta de viajar, de conhecer novos lugares, de esportes, de aventuras e coisas estimulantes. Porém, ao mesmo tempo você busca um emprego que proporcione estabilidade, segurança e um salário fixo. Nessa situação, os seus valores de vida estariam em conflito com seus valores de trabalho – pois, teoricamente, uma pessoa que tenha a estimulação como valor de vida deveria buscar um trabalho que não a prenda a um escritório, que permita maior fluidez, flexibilidade e independência. Segundo Schwartz, como resultado desse conflito, o indivíduo estabelece uma relação de compensação entre seus valores pessoais e de trabalho, em vez de difusão. Ou seja, em razão do conflito entre seus valores, o indivíduo é levado a praticar ações que compensem o desequilíbrio. É valido esclarecer que estar em conflito não significa estar insatisfeito, mas que a compensação consciente leva à satisfação pela escolha realizada.

Após chegar a essa constatação por meio do teste preliminar, resolvi conduzir uma pesquisa entre jovens estudantes de várias universidades no município de São Paulo. No total, foram distribuídos 560 questionários, dos quais 523 foram respondidos e 514 foram considerados válidos. Nessa pesquisa, foi possível identificar que 14,7% das pessoas entrevistadas estavam em uma situação de conflito em relação a seus valores de vida e laborais. Por exemplo, jovens que trabalhavam em funções extremamente burocráticas, mas que não abriam mão de visitar praias ou cachoeiras todo final de semana. Embora valorizassem uma vida estimulante e de aventuras, esses jovens trabalhavam em ambientes que valorizavam a tradição, a segurança e a conformidade. Tudo porque o salário permitia que alcançassem aquilo que lhes dava prazer.

Também encontrei jovens que tinham empregos bastante difíceis, mas que optavam por realizar trabalhos sociais importantes em seu tempo livre, pois entendiam que o emprego lhes possibilitava ajudar o próximo. Eles pessoalmente valorizavam a justiça social, ainda que trabalhassem em ambientes que não fossem tão benevolentes assim. Também conheci aqueles que queriam ajudar a família e poder retribuir o que lhes foi dado, pois valorizavam a benevolência que, muitas vezes, não encontravam no emprego. Todos esses fatores eram determinantes para as compensações apresentadas.

Consumo hedônico consciente

Estava ficando cada vez mais evidente a existência de indivíduos que trabalham motivados por dinheiro, para que por meio de sua remuneração possam alcançar a realização em outros aspectos de sua vida. São indivíduos que estão no mercado de trabalho, vendendo, conscientemente, sua força de trabalho. Pessoas que, como forma de compensar esse conflito e superar as frustrações e os problemas de sua carreira, consomem coisas que lhes dão prazer – algo que é conceituado como consumo hedônico.

Porém, é importante não confundir consumo hedônico com consumismo, compulsão ou compra impulsiva. Estamos falando de algo consciente, estamos falando da frase que dá nome a este livro: "Trabalho tanto, mereço um agrado". Ouvi essa frase inúmeras vezes ao longo da minha pesquisa, dita por pessoas que sabem, conscientemente, qual o agrado (compensação) que vão proporcionar a si mesmas em troca dos momentos desgastantes no trabalho.

Os grupos que pesquisei (e não foram poucos) me possibilitam afirmar que o *homo economicus* redefinido por Foucault está cada vez mais presente no mercado de trabalho atual. Quando defendo essa volta do *homo economicus*, não estou afirmando que todo indivíduo se relaciona com o trabalho apenas por meio da venda de sua força de trabalho, sem se preocupar com o propósito envolvido nessa relação. O que afirmo é que parte dos trabalhadores atuais querem vender seu tempo, seu trabalho e seu comprometimento, a fim de ter segurança financeira e emocional para buscar propósito e prazer em outras categorias da vida.

Porém, muitas vezes, as pessoas nem sabem ou percebem que seus valores são conflitantes, de forma que ainda não foram capazes de entender seu conflito, suas escolhas e sua compensação de maneira consciente. Por isso, no capítulo 3, falarei mais sobre como podemos identificar se estamos em conflito e quais as alternativas que temos para resolver essa questão. Antes de chegarmos a esse ponto, entretanto, é necessário entendermos um pouco mais sobre a motivação para trabalhar, tema do próximo capítulo.

↓

VOCÊ ACHA QUE SEUS VALORES ESTÃO EM CONFLITO?

::

ACHA QUE CONSEGUE CONCILIAR SEUS VALORES PESSOAIS COM OS VALORES DE TRABALHO?

2

o que te motiva a trabalhar?

estudos sobre motivação

A pergunta-título deste capítulo é muito emblemática. Durante minha pesquisa de doutorado, eu a fiz para centenas de pessoas. Muitos respondiam "Boletos!", enquanto outros diziam "Desafio!".

Saber a resposta para essa pergunta é importante para que alguém possa conduzir de forma adequada sua carreira. Obviamente, a resposta pode mudar com o passar do tempo e com o desenvolvimento de novas habilidades e a assunção de novas responsabilidades, mas ter consciência da posição em que estamos é fundamental a qualquer momento da carreira.

Todos os anos, nas faculdades de negócios, é possível encontrar alunos pesquisando e escrevendo sobre motivação. Questões recorrentes envolvem o que motiva e como motivar as pessoas a trabalharem mais e melhor. Estudos ordenados e sistematizados sobre motivação começaram no final dos anos 1920, com a teoria das relações humanas, considerada por muitos a primeira teoria humanista, apesar de ainda ter um forte cunho produtivista.

Na teoria das relações humanas, as estratégias buscavam o ganho empresarial por meio da ampliação da capacidade produtiva do trabalhador. Portanto, de certa forma, compartilhava os objetivos tayloristas, ainda que os buscasse por outro caminho. Os estudos dessa teoria iniciaram-se com Elton Mayo, que buscava compreender os efeitos que a motivação, a satisfação e as relações sociais entre os empregados tinham sobre a produtividade das fábricas.

Foi só no final da década de 1930, com o surgimento das abordagens comportamentais, ou teoria behaviorista da administração, propostas inicialmente por Simon e Lewin, entre outros, que essa perspectiva mudou. As abordagens comportamentais surgiram como desdobramentos da teoria das relações humanas, mas seu objetivo final não era a produtividade, e sim uma tentativa de melhorar a qualidade, o engajamento e os ganhos gerais da organização e das pessoas. De maneira geral, preocupavam-se com a melhoria da qualidade de vida no trabalho e fora dele, colocando menos importância na racionalidade e entendendo que o ganho de produtividade seria uma consequência oriunda da melhoria da qualidade de vida.

A hierarquia das necessidades de Maslow

As teorias comportamentais evidenciaram duas linhas teóricas sobre a motivação: as teorias de conteúdo, que pesquisam sobre o que motiva as pessoas, e as teorias de processo, que pesquisam sobre como motivar as pessoas. Na década de 1950, essas duas linhas de pesquisa comportamental deram origem a teorias como a hierarquia das necessidades de Maslow, que é estudada até os dias atuais. Maslow postula que o indivíduo é motivado por suas necessidades, as quais obedecem a uma hierarquia, ou seja, você só troca de nível de necessidade quando a anterior foi suprida.

FIGURA 1 → HIERARQUIA DAS NECESSIDADES DE MASLOW

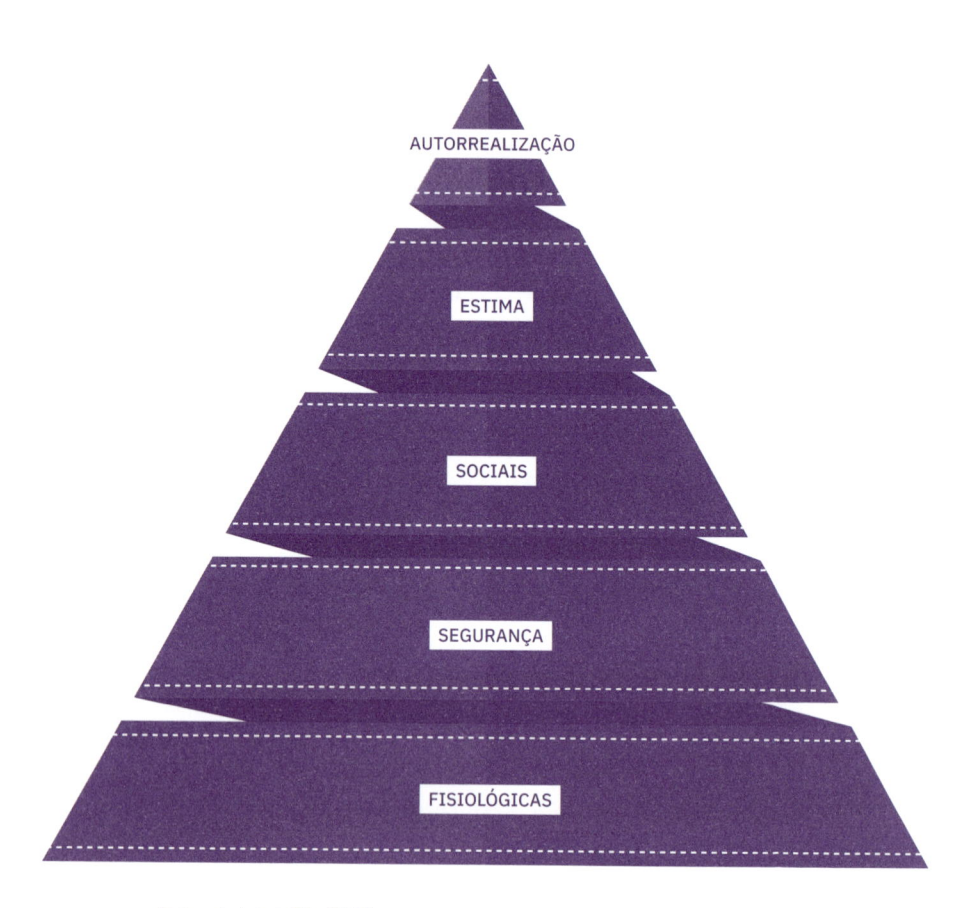

AUTORREALIZAÇÃO

ESTIMA

SOCIAIS

SEGURANÇA

FISIOLÓGICAS

Fonte: adaptado de Silva (2013).

Segundo Maslow, primeiro somos motivados pelas necessidades fisiológicas, tais como comer, dormir, etc. Suprido esse primeiro nível da hierarquia, surge a necessidade de segurança, que é garantir condições de preservar a integridade física, o emprego, a família, a propriedade, etc. O terceiro nível diz respeito às necessidades sociais de conviver e compartilhar com outras pessoas. Somos seres sociais e, por mais que possamos viver sozinhos por um tempo, precisamos interagir com outros indivíduos. Em seguida, temos a necessidade de estima, de sermos reconhecidos pelo que somos e pelo que fazemos, de forma integral. Segundo Maslow, o indivíduo chega a um ponto em que quer ser reconhecido pelo que conquistou, pelo que fez e pelo que é. Por fim, a última e mais difícil necessidade é a de autorrealização, que é estar satisfeito consigo próprio, com o que se tem e com o que se gera.

Apesar de ter sido formulada há quase setenta anos, é importante compreender que a hierarquia das necessidades de Maslow pode ser um bom direcionador para compreendermos algumas necessidades que podem fazer com que aceitemos determinadas propostas de trabalho, ou com que suportemos certas situações. Além disso, ela também pode nos auxiliar a vislumbrar os próximos passos lógicos da jornada laboral.

Pensando na condição dos trabalhadores até o fim da Segunda Guerra Mundial, por exemplo, é difícil imaginar que tivessem condições de, por meio do emprego, suprir outras necessidades além das fisiológicas e de segurança, visto que as relações laborais eram basicamente motivadas pela aceleração da produtividade em troca de salário. Porém, ao refletirmos sobre as condições laborais em períodos posteriores, sobretudo a partir do pós-guerra, é possível perceber o início do papel do trabalho também como uma fonte de satisfação de necessidades sociais, com a expansão dos estudos de Mayo e de outros autores sobre os aspectos emocionais do ambiente de trabalho; ou como fonte de satisfação das necessidades de estima, principalmente a partir da década de 1980, com a ascensão das ideias de Peter Drucker e a valorização dos profissionais altamente qualificados.

Hoje, enfim, chegamos a um momento em que o trabalho também pode ser visto como uma fonte de autorrealização, ou como um trampolim que permite aos indivíduos alcançarem a realização de seus valores de vida por meio do salário que o emprego lhes proporciona. Isso porque muitos indivíduos das novas gerações pulam a busca pela satisfação das necessidades primárias, visto que um número cada vez maior de jovens continua morando com os pais após a adolescência e durante parte de sua vida adulta, em comparação com as gerações anteriores. Para boa parte desses indivíduos, suas necessidades fisiológicas e de segurança são supridas pelos pais, de modo que podem, portanto, partir diretamente para a busca de suas necessidades sociais, de estima e de autorrealização.

> ↓
>
> **PENSE SOBRE A HIERARQUIA DAS NECESSIDADES DE MASLOW. EM QUAL NÍVEL VOCÊ ACHA QUE SE ENQUADRARIA? O QUE FALTA PARA CHEGAR AO PRÓXIMO ESTÁGIO?**

Teoria da realização de McClelland

Outra importante teoria comportamental a ser mencionada é a teoria da realização, ou teoria das necessidades adquiridas, de McClelland. Essa teoria, apresentada nos anos 1960, afirma que existem certas necessidades que são adquiridas e apreendidas socialmente, e que essas necessidades se apresentam em cada indivíduo de forma variada. Diferentemente do que pensava Maslow, as necessidades para McClelland são individuais, afinal os valores atribuídos a elas são permeados de aprendizados e experiências adquiridos ao longo da vida. Maslow entendia que as necessidades primárias, ou seja, aquelas que nascem com o indivíduo, são o ponto de partida, e que na sequência apareciam as necessidades secundárias – apreendidas e adquiridas ao longo do tempo. McClelland, por sua vez, considera apenas as necessidades secundárias, divididas em três categorias:

➡️ **NECESSIDADE DE REALIZAÇÃO:** REFERE-SE À NECESSIDADE DE REALIZAÇÃO PESSOAL E DE BUSCA PELO SUCESSO. AS PESSOAS COM ESSE TIPO DE NECESSIDADE TENDEM A CORRER MAIS RISCOS E A ASSUMIR MAIS RESPONSABILIDADES, MAS QUEREM O RETORNO E O RECONHECIMENTO EM RELAÇÃO AO QUE FAZEM. SÃO PESSOAS QUE QUEREM DESAFIOS, BUSCAM O SUCESSO, A REALIZAÇÃO PESSOAL E A REALIZAÇÃO PROFISSIONAL.

➡️ **NECESSIDADE DE AFILIAÇÃO:** REFERE-SE À NECESSIDADE DE ESTABELECER RELACIONAMENTOS PESSOAIS PRÓXIMOS E DE EVITAR CONFLITOS. INDIVÍDUOS COM ESSA NECESSIDADE PREFEREM A INTERAÇÃO SOCIAL E TÊM NECESSIDADE DE SE RELACIONAR BEM COM AS PESSOAS E DE SE CONECTAR COM ELAS.

➡️ **NECESSIDADE DE PODER:** REFERE-SE À NECESSIDADE DE CONTROLAR E INFLUENCIAR, DE TER AUTORIDADE SOBRE OS OUTROS. PESSOAS QUE TÊM ESSA NECESSIDADE TENDEM A BUSCAR POSIÇÕES DE LIDERANÇA. EM UM AMBIENTE PROFISSIONAL, TALVEZ COLOQUEM A POSSIBILIDADE DE TER PODER EM SUAS MÃOS ACIMA DA REMUNERAÇÃO.

Outra diferença é que Maslow via as necessidades relacionando-se de forma hierárquica, enquanto McClelland entendia que essas necessidades se manifestam de maneira concomitante, de forma que todos orientamos nossas ações com o intuito de buscar suprir todas essas necessidades ao mesmo tempo, mas cada indivíduo coloca um peso distinto sobre cada uma delas. Sendo assim, a forma como cada pessoa se relaciona no trabalho e com o trabalho pode ser entendida pelo peso que ela coloca sobre cada uma dessas categorias definidas na teoria.

Dessa forma, pensando em indivíduos que estão em uma relação de valores regida pela difusão (quando seus valores pessoais e laborais apontam para a mesma direção), podemos encontrar pessoas que veem o trabalho como uma forma de suprir suas necessidades pessoais de realização; outras, que o encaram como uma oportunidade de suprir suas necessidades pessoais de se sentirem parte de um grupo; e também aquelas que encontram no emprego a possibilidade de suprir suas necessidades pessoais de exercer autoridade.

Por outro lado, quando pensamos em pessoas cujos valores pessoais e laborais se encontram em uma relação de conflito, podemos encontrar indivíduos que enxergam o trabalho como um trampolim para a compensação de suas necessidades mediante outros aspectos da vida. É o caso, por exemplo, de uma pessoa que exerce uma atividade profissional altamente especializada em um nível operacional, de forma que o trabalho lhe assegura uma boa remuneração. Porém, se esse indivíduo sente grande necessidade de poder, talvez procure compensar seu conflito de valores atuando como técnico de um time de futebol comunitário em suas horas vagas.

PONDERE:

::

QUE PESO VOCÊ COLOCA SOBRE CADA UMA DESSAS NECESSIDADES APRESENTADAS POR MCCLELLAND?

::

Teoria da expectativa de Vroom

Dentro das teorias comportamentais de processo, aquelas que pesquisam sobre como se motiva as pessoas, encontramos a teoria da expectativa, de Vroom, apresentada em 1964, que busca entender especificamente a motivação relacionada ao trabalho.

Essa teoria entende que as pessoas são motivadas a escolher agir desta ou daquela maneira porque esperam determinada recompensa a partir de suas ações. Assim, por acreditarem que seu comportamento resultará em uma recompensa que lhes seja desejável, os indivíduos poderão ser motivados a alcançar determinadas metas organizacionais. Para tanto, a teoria se fundamenta em três elementos centrais:

➡ **EXPECTATIVA (ESFORÇO-DESEMPENHO):** É A PERCEPÇÃO DE QUE O NÍVEL DE ESFORÇO QUE O INDIVÍDUO É CAPAZ DE FAZER CORRESPONDE AO NÍVEL DE DESEMPENHO NECESSÁRIO PARA ATINGIR A META ESTABELECIDA. SE O FUNCIONÁRIO ENTENDER QUE SEU ESFORÇO MÁXIMO NÃO SERÁ SUFICIENTE PARA ALCANÇAR O OBJETIVO PRETENDIDO, PROVAVELMENTE NEM TENTARÁ SE

ESFORÇAR. POR EXEMPLO, IMAGINE QUE UM CORRETOR DE IMÓVEIS COSTUMA VENDER UM APARTAMENTO POR MÊS, MEDIANTE MUITO ESFORÇO. PORÉM, A IMOBILIÁRIA PASSA PARA ELE A META DE VENDER DEZ APARTAMENTOS NO PRÓXIMO MÊS. NESSE CENÁRIO, É POUCO PROVÁVEL QUE ELE CONSIDERE QUE SEU ESFORÇO SERÁ CAPAZ DE GERAR O DESEMPENHO ESPERADO. PORÉM, A META DE VENDER DOIS APARTAMENTOS SERIA MAIS PRÓXIMA DO ESFORÇO DO VENDEDOR, QUE PODERIA ENTÃO ACREDITAR SER CAPAZ DE ATINGI-LA.

→ **INSTRUMENTALIDADE (DESEMPENHO-RECOMPENSA):** É A PERCEPÇÃO DE QUE, AO ATINGIR O DESEMPENHO ESPERADO, O INDIVÍDUO RECEBERÁ UMA RECOMPENSA. CASO NÃO HAJA RECOMPENSA PARA AQUELES QUE ATINGIREM O DESEMPENHO ESPERADO, OU CASO A RECOMPENSA SEJA CONCEDIDA A TODOS, INDEPENDENTEMENTE DE TEREM ATINGIDO O DESEMPENHO ESPERADO, É POUCO PROVÁVEL QUE OS INDIVÍDUOS SE ESFORCEM PARA ALCANÇÁ-LO. POR OUTRO LADO, SE SOUBEREM QUE SERÃO RECOMPENSADOS POR ATINGIREM O DESEMPENHO REQUERIDO, É MUITO MAIS PROVÁVEL QUE SE ESFORCEM PARA FAZÊ-LO. POR EXEMPLO, CASO O CORRETOR DE IMÓVEIS RECEBESSE, JUNTO COM A META DE VENDER

DOIS APARTAMENTOS, A PROMESSA DE QUE RECEBERIA UM MAIOR PERCENTUAL DE COMISSÃO, ISSO SERVIRIA DE INCENTIVO PARA QUE SE ESFORÇASSE AINDA MAIS. QUANDO AS PESSOAS SÃO BEM RECOMPENSADAS PELAS ATIVIDADES QUE EXECUTAM, TEM-SE UMA INSTRUMENTALIDADE POSITIVA. QUANDO O CONTRÁRIO ACONTECE, TEM-SE UMA INSTRUMENTALIDADE NEGATIVA.

VALÊNCIA (RECOMPENSA-METAS PESSOAIS): É A PERCEPÇÃO DE QUE A RECOMPENSA RECEBIDA EM TROCA DO DESEMPENHO ESTÁ EM CONSONÂNCIA COM AS METAS PESSOAIS DO INDIVÍDUO. TEM RELAÇÃO COM O VALOR QUE AS PESSOAS COLOCAM NAS RECOMPENSAS QUE LHES SÃO OFERECIDAS EM TROCA DE SEU DESEMPENHO, OU COM QUANTO AS RECOMPENSAS SÃO ATRATIVAS PARA O INDIVÍDUO. POR EXEMPLO, IMAGINE QUE A IMOBILIÁRIA OFEREÇA UMA VIAGEM À PRAIA PARA OS CORRETORES QUE BATEREM A META. PORÉM, UM DESSES CORRETORES TEM ALERGIA AO SOL. QUAL VALOR ELE DARIA A ESSA RECOMPENSA? SERÁ QUE ELE SE DEDICARIA A ALCANÇAR ESSA PREMIAÇÃO COM O MESMO EMPENHO DE SEUS COLEGAS?

Essa teoria nos ajuda a compreender que, em boa parte das nossas ações profissionais, levamos em conta se somos capazes de atingir o desempenho desejado (expectativa), se ao alcançarmos o desempenho desejado receberemos uma recompensa (instrumentalidade) e se a recompensa que receberemos possui valor para nós (valência).

Esse combo de fatores nos conduz a decidir se vamos nos dedicar ou não a um determinado objetivo profissional. Pense nas vezes em que, antes de tomar uma decisão, você avaliou se o desempenho exigido era condizente com o seu nível de esforço, se o alcance do desempenho resultaria em uma recompensa e se a recompensa era atrativa para você. Fazemos isso a todo instante, muitas vezes sem notar. Porém, ao adquirirmos consciência de que levamos tudo isso em consideração, fica mais fácil sistematizar e organizar a tomada de decisão. De fato, reconhecer os pontos que nos motivam a agir, assim como os que inibem nossos movimentos, possibilita que tomemos cada decisão de forma mais consciente.

⬇

VOCÊ CONSEGUE IDENTIFICAR UM MOMENTO EM QUE, INCONSCIENTEMENTE, UTILIZOU ESSA TEORIA? UM MOMENTO EM QUE AVALIOU SUA CAPACIDADE DE ESFORÇO, O DESEMPENHO EXIGIDO, A EXISTÊNCIA DE UMA RECOMPENSA E A ATRATIVIDADE DESSA RECOMPENSA? VOCÊ OPTOU POR FAZER OU NÃO FAZER ALGO POR CAUSA DESSES FATORES?

Assim, partindo do conceito de *homo economicus* explorado por Taylor, que pautava todas as relações trabalhistas em torno da lógica de que o dinheiro era a única motivação necessária para o desempenho, chegamos atualmente a uma compreensão muito mais abrangente e muito menos mecanicista da relação entre o indivíduo e o trabalho.

Um aspecto interessante da teoria da expectativa é o elemento *valência*, que leva em conta o *valor* que o indivíduo dá à recompensa como parte fundamental da motivação. Temos diversas gamas de valores, e cada uma delas impacta cada indivíduo de forma diferente, de modo que o mesmo estímulo pode ser compreendido de maneiras diferentes pelas pessoas, por causa dos valores distintos que lhes são mais caros. É por isso que os valores pessoais e laborais são o tema do próximo capítulo.

**eu sou
essa
pessoa**

valores

Durante as minhas aulas, é muito comum que os alunos perguntem sobre a minha tese, e todas as vezes que a expliquei, defendendo a existência de pessoas que trabalham por dinheiro objetivando alcançar realização por outras vias, ouvi alguns deles comentarem: "Professora, eu sou essa pessoa". Na sequência, perguntavam se havia algum teste que pudessem fazer para descobrir se isso era mesmo aplicável. Essas conversas me levaram à concepção deste livro e à tentativa de construir recursos que permitam às pessoas descobrir como seus valores estão se relacionando no momento e, assim, conhecer-se um pouco melhor.

Para que isso seja possível, é necessário entendermos alguns pontos importantes a respeito dos valores.

Os valores têm sido objeto de estudo frequente entre cientistas sociais, antropólogos, psicólogos, estudiosos de organizações e de outras áreas, que buscaram compreender como são formados e como impactam o processo decisório de cada indivíduo.

Valores são definidos como metas desejáveis e que independem da situação, que variam em importância e servem como princípios na vida de uma pessoa ou de uma entidade social. Valores são norteadores de ações que impulsionam ou entravam movimentos, inclusive no ambiente profissional, e que influenciam diretamente nossa forma de entender o mundo e de atribuir prioridade a cada ação. Valores são princípios ou crenças que transcendem situações específicas e guiam a seleção ou avaliação de comportamentos ou eventos.

A maioria das pessoas têm uma estrutura de valores que guia a sua vida de maneira geral, mas para questões específicas da vida, como o trabalho, apresentam outra estrutura de valores. Sendo assim, é possível que um indivíduo tenha valores voltados para o trabalho focados em acumulação de capital e aspectos econômicos racionais fortes, enquanto sua estrutura geral de valores tem aspectos fortes de busca de prazer e satisfação.

Podemos dividir os valores em dois grupos: os valores pessoais, que são princípios e crenças que guiam atitudes e comportamentos relacionados a atividades pessoais, e os valores laborais, que guiam atitudes e comportamentos relacionados ao ambiente de trabalho.

Essas diferentes estruturas de valores se relacionam, em geral, de duas maneiras: ora por difusão, quando são complementares uma à outra, ou seja, quando aquilo que é valorizado na vida pessoal também o é no ambiente de trabalho, ora por compensação, quando aquilo que é valorizado em uma estrutura difere do que é valorizado na outra, desenvolvendo-se, assim, valores pessoais em conflito com os laborais. Um exemplo de difusão seria uma pessoa que tem como valor pessoal a segurança e procura uma atividade profissional que lhe conceda estabilidade, enquanto um exemplo de compensação seria uma pessoa que tem valores pessoais de estimulação, mas exerce um trabalho burocrático e repetitivo.

Tipos motivacionais de valores de Schwartz

Um dos estudiosos mais relevantes nessa área é Schwartz. Segundo suas pesquisas, os valores representam as maneiras como as pessoas e os grupos respondem a três tipos de requisitos ou necessidades universais:

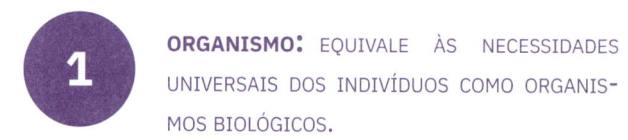

1 **ORGANISMO:** EQUIVALE ÀS NECESSIDADES UNIVERSAIS DOS INDIVÍDUOS COMO ORGANISMOS BIOLÓGICOS.

2 **INTERAÇÃO:** EQUIVALE AOS REQUISITOS UNIVERSAIS PARA A COORDENAÇÃO DA INTERAÇÃO SOCIAL.

3 **GRUPO:** EQUIVALE AOS REQUISITOS UNIVERSAIS PARA O FUNCIONAMENTO TRANQUILO E A SOBREVIVÊNCIA DE CONJUNTOS DE PESSOAS.

Sendo assim, ele propõe dez tipos diferentes de valores motivacionais de primeira ordem, conforme mostra o quadro 1.

QUADRO 1 → TIPOS MOTIVACIONAIS DE VALOR DE PRIMEIRA ORDEM PROPOSTOS POR SCHWARTZ

TIPO MOTIVACIONAL	DEFINIÇÃO	EXEMPLOS DE VALORES	REQUISITOS UNIVERSAIS
PODER	Busca status social sobre as pessoas e os recursos.	Poder social, autoridade, riqueza.	Interação Grupo
REALIZAÇÃO	Busca sucesso pessoal mediante a demonstração de competência, segundo critérios sociais.	Sucesso, capacidade, ambição.	Interação Grupo
HEDONISMO	Busca prazer e gratificação sensual para si mesmo.	Prazer, desfrutar a vida.	Organismo
ESTIMULAÇÃO	Busca entusiasmo, novidade e desafio na vida.	Audácia, variedade, excitação.	Organismo
AUTODETERMINAÇÃO	Valoriza o pensamento independente e escolha da ação, criatividade, exploração.	Criatividade, curiosidade, liberdade.	Organismo Interação
UNIVERSALISMO	Busca compreensão, apreço, tolerância e atenção com o bem-estar de todas as pessoas e da natureza.	Tolerância, justiça social, igualdade, proteção do meio ambiente.	Grupo Organismo
BENEVOLÊNCIA	Busca a preservação ou intensificação do bem-estar das pessoas com as quais está em contato pessoal frequente.	Ajudar, honestidade, não rancoroso.	Organismo Interação Grupo
TRADIÇÃO	Procura respeito, compromisso e aceitação dos costumes e ideias oferecidas pela cultura tradicional ou a religião.	Humildade, devoção, submissão.	Grupo
CONFORMIDADE	Busca a restrição das ações, tendências e impulsos que possam incomodar ou ferir os outros e contrariar expectativas ou normas sociais.	Polidez, obediência, honra aos pais e pessoas mais velhas.	Interação Grupo
SEGURANÇA	Procura segurança, harmonia e estabilidade da sociedade, das relações e de si mesmo.	Segurança nacional, ordem social, idoneidade.	Organismo Interação Grupo

Fonte: adaptado de Schwartz (2006).

PODER
COMO TIPO MOTIVACIONAL DE VALOR PESSOAL

O primeiro tipo motivacional de valor é o *poder*, que envolve o status sobre as pessoas e os recursos. Exemplos desse tipo de valor motivacional são a necessidade de exercer poder e autoridade sobre as outras pessoas e de possuir riqueza. Pessoas com esse tipo motivacional de valor são estimuladas pela possibilidade de mandar, de ser obedecido, de obter posses ou de alcançar patamares financeiros mais elevados. São pessoas que sentem fascínio em ter poder, apenas pelo poder. Mas é importante entender que um indivíduo que tenha esse tipo de valor aflorado não é necessariamente uma pessoa má. Significa, sim, que ela valoriza esses aspectos e que se sente realizada dessa forma. Pessoas que têm esse valor como preponderante podem fazer muito bem às empresas e à sociedade.

REALIZAÇÃO
COMO TIPO MOTIVACIONAL DE VALOR PESSOAL

O segundo tipo motivacional de valor é a *realização*, que pode ser definida pelo sucesso pessoal alcançado mediante a demonstração de competência. Pessoas direcionadas por esse tipo motivacional tendem a buscar o reconhecimento constante de que são capazes. Elas se sentem realizadas e se motivam com a possibilidade de sucesso e reconhecimento oriunda das atividades que executam e de seu desempenho ao realizá-las. Essa busca pelo sucesso faz com que essas pessoas tenham padrões de exigência altos em relação a si próprias. Elas constantemente se cobram.

HEDONISMO
COMO TIPO MOTIVACIONAL DE VALOR PESSOAL

O terceiro tipo motivacional de valor é o *hedonismo*, que pode ser definido com a busca por prazer e gratificação. São exemplos desse tipo motivacional o desejo de desfrutar a vida e de sentir prazer nas atividades que executa. Uma pessoa direcionada por esse valor busca a gratificação para si própria diante das demandas da vida. Para ela, a vida precisa ser prazerosa e gratificante, pois só faz sentido se houver alegria. Vale destacar que esse prazer e alegria pode ser oriundo de algo que essas pessoas façam a outras pessoas, desde que o façam com o propósito de se sentirem bem e não necessariamente para aliviar o sofrimento de outras pessoas. Por exemplo, há pessoas hedônicas que preferem dar presentes em vez de recebê-los. Elas sentem prazer com a felicidade do outro.

ESTIMULAÇÃO
COMO TIPO MOTIVACIONAL DE VALOR PESSOAL

O quarto tipo motivacional de valor é a *estimulação*, que pode ser definida como a necessidade de se sentir entusiasmado, de ter uma vida cheia de novidades e desafios. Pessoas que têm esse tipo motivacional de valor aflorado sentem a necessidade de uma vida variada e excitante. A zona de conforto certamente não é um bom lugar para elas, por isso, mudam constantemente. A monotonia as cansa, e facilmente enjoam das atividades que começam a fazer. Por outro lado, o desafio as movimenta, e é muito comum procrastinarem atividades que estão habituadas a fazer, exatamente porque não lhes oferece mais desafios.

AUTODETERMINAÇÃO
COMO TIPO MOTIVACIONAL DE VALOR PESSOAL

O quinto tipo motivacional de valor é a *autodeterminação*, que pode ser definida pelo pensamento independente, pela criatividade e pela exploração do novo. São exemplos desse tipo motivacional a busca pela liberdade de fazer, de agir, de criar e de pensar, assim como a curiosidade aguçada. Pessoas que têm esse tipo motivacional como direcionador da vida não gostam de atividades rotineiras nem de tarefas que lhes sejam impostas.

UNIVERSALISMO
COMO TIPO MOTIVACIONAL DE VALOR PESSOAL

O sexto tipo motivacional de valor é o *universalismo*, que pode ser definido pela compreensão, o apreço, a tolerância e a atenção em relação ao bem-estar das outras pessoas e da natureza. São exemplos desse tipo motivacional a tolerância com o próximo, a busca por justiça social, a necessidade de igualdade e a proteção ao meio ambiente. Para pessoas direcionadas por esse tipo motivacional de valor, a coletividade impacta diretamente a sua individualidade. É importante entender que nem toda pessoa que é direcionada por esse valor é ativista. Para algumas, as preocupações sociais e ambientais simplesmente as motivam a agir de forma mais condizente com esse valor em sua vida privada.

BENEVOLÊNCIA
COMO TIPO MOTIVACIONAL DE VALOR PESSOAL

O sétimo tipo motivacional de valor é a *benevolência*, que pode ser definida pela necessidade de preservação ou intensificação do bem-estar das pessoas com as quais se tem contato pessoal. São exemplos desse tipo motivacional a ajuda constante a pessoas próximas, a honestidade e as atitudes não rancorosas. São pessoas que se sentem motivadas pela oportunidade de contribuir para a construção de vida de outras pessoas.

TRADIÇÃO
COMO TIPO MOTIVACIONAL DE VALOR PESSOAL

O oitavo tipo motivacional de valor é a *tradição*, que pode ser definida como o respeito, o compromisso e a aceitação dos costumes e ideias sustentadas pela cultura tradicional. São exemplos desse tipo motivacional a humildade, a devoção e a resignação diante dos infortúnios da vida. Pessoas que têm esse tipo motivacional de valor como definidor costumam ser devotas a crenças e religiões, além de não questionar as normas e regras sociais.

CONFORMIDADE
COMO TIPO MOTIVACIONAL DE VALOR PESSOAL

O nono tipo motivacional é a *conformidade*, que pode ser definida pelo refreamento de ações, tendências e impulsos que possam incomodar ou ferir outras pessoas, ou contrariar expectativas e normas sociais. São exemplos desse tipo motivacional a polidez, a obediência e a honra aos pais e pessoas mais velhas.

SEGURANÇA
COMO TIPO MOTIVACIONAL DE VALOR PESSOAL

O décimo tipo motivacional é a *segurança*, que pode ser definida como a busca por proteção e estabilidade na sociedade, nas relações e em si mesmo. São exemplos desse tipo motivacional de valor a busca por maior segurança nacional, a manutenção da ordem social e a idoneidade.

Grupos de valores pessoais

Segundo Schwartz, esses dez tipos motivacionais de valor podem ser agrupados em quatro grupos de valores pessoais, pois agregam valores similares, da seguinte maneira:

1 AUTOPROMOÇÃO: AGREGA *PODER, HEDONISMO* E *REALIZAÇÃO*.

2 AUTOTRANSCENDÊNCIA: AGREGA *UNIVERSALISMO* E *BENEVOLÊNCIA*.

3 ABERTURA À MUDANÇA: AGREGA *HEDONISMO, ESTIMULAÇÃO* E *AUTODETERMINAÇÃO*.

4 CONSERVAÇÃO: AGREGA *SEGURANÇA, CONFORMIDADE* E *TRADIÇÃO*.

Observe que o agrupamento entre os valores utiliza parâmetros de proximidade entre as características: as que estão próximas são agrupáveis. Esses valores também têm relações de aproximação e afastamento, ou seja, as ações motivadas por cada tipo de valor têm consequências psicológicas, práticas e sociais que podem entrar em conflito com a motivação para a realização de outros valores. Por exemplo, um indivíduo que tenha como prioridade as condutas motivadas por valores de *realização* (como a busca de êxito pessoal) pode entrar em conflito ao ser motivado a realizar uma ação motivada por valores de *benevolência* (como a preocupação com o bem-estar dos outros). Os valores, portanto, se ajustam melhor a um modelo circular em que os valores afins ficam próximos uns aos outros, enquanto os valores que não são afins ficam posicionados no lado oposto do círculo. Assim, os valores formam um contínuo de motivações relacionadas entre si.

FIGURA 2 → RELAÇÃO ENTRE TIPOS MOTIVACIONAIS DE VALOR E OS GRUPOS DE VALORES PESSOAIS

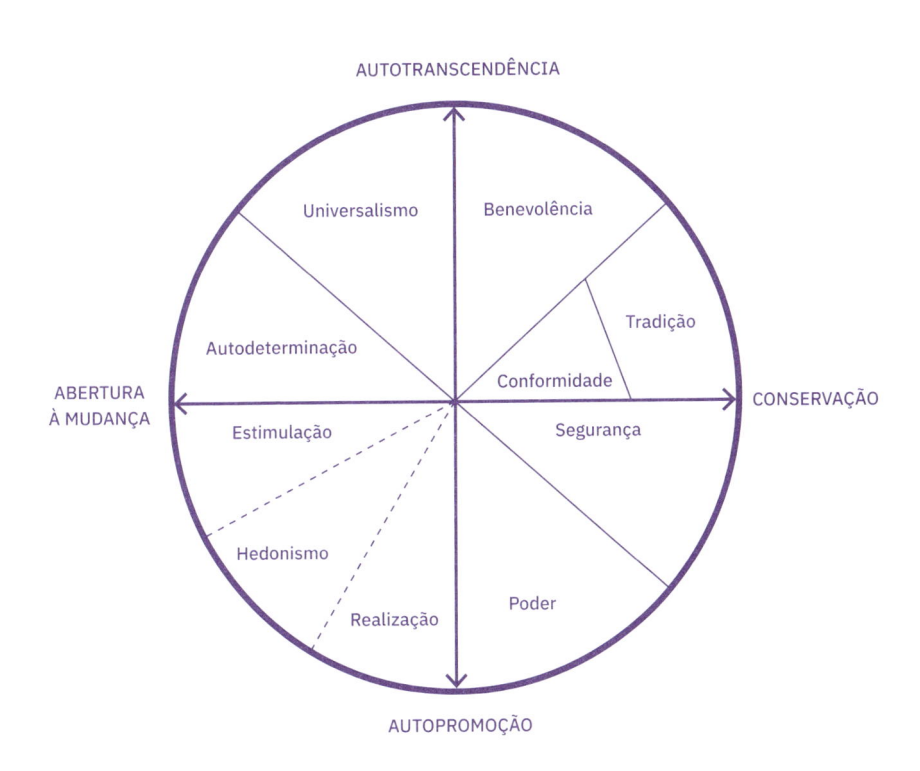

Fonte: adaptado de Schwartz (1992).

↓

QUAIS VALORES PARECEM FAZER MAIS SENTIDO PARA VOCÊ E PARA A FORMA COMO ENTENDE A VIDA? SEUS VALORES PARECEM ESTAR DIVIDIDOS EM QUAIS AGRUPAMENTOS?

Grupos de valores laborais

Quando falamos em valores de trabalho, temos excelentes autores que definem muito bem os grupos. Dois desses autores, Juliana B. Porto e Álvaro Tamayo, ambos brasileiros, conseguiram elaborar e validar um instrumento que verifica quatro fatores para valores laborais, que já haviam sido identificados por outros autores em outras partes do mundo.

- **1** REALIZAÇÃO PROFISSIONAL
- **2** ESTABILIDADE
- **3** RELAÇÕES SOCIAIS
- **4** PRESTÍGIO

Vale ressaltar que esses grupos funcionam mais como fatores relacionados aos valores, em vez de agregadores de valores, como foi estudado no caso dos grupos de valores pessoais. Por isso, é necessário descrever o que cada fator representa.

REALIZAÇÃO PROFISSIONAL
COMO GRUPO DE VALORES LABORAIS

O primeiro fator identificado é o da *realização profissional*, que está relacionada ao prazer e à alegria profissional e pessoal, além da necessidade de independência de pensamento e ação no trabalho. Pessoas com esse valor preponderante para aspectos laborais tendem a buscar autonomia intelectual e almejam executar atividades que lhes sejam prazerosas, que lhes possibilitem demonstrar suas habilidades, sua intelectualidade e sua criatividade.

ESTABILIDADE
COMO GRUPO DE VALORES LABORAIS

O segundo fator é a *estabilidade*, que está ligada à busca de segurança e ordenação na vida por meio do trabalho, de forma que seja possível adquirir autonomia financeira. Ou seja, pessoas com esse valor preponderante buscam trabalhar em locais em que se sintam seguras e financeiramente autônomas.

RELAÇÕES SOCIAIS
COMO GRUPO DE VALORES LABORAIS

O terceiro fator são as *relações sociais*, que estão relacionadas às inter-relações positivas no trabalho e à contribuição positiva para a sociedade, utilizando o trabalho como ferramenta. Pessoas com esse valor preponderante buscam o *networking* e prezam pela formação de redes sólidas de relacionamentos que possam auxiliar uns aos outros no trabalho e ou em aspectos sociais.

PRESTÍGIO
COMO GRUPO DE VALORES LABORAIS

O quarto fator é o *prestígio*, que está relacionado à busca de autoridade, sucesso profissional e poder de influência no trabalho. Pessoas com esse valor preponderante buscam atividades profissionais que lhes permitam comandar e liderar outros indivíduos.

Questionários para identificação de valores

Esses quatro grupos de valores laborais se inter-relacionam com os quatro grupos de valores pessoais sobre os quais falamos anteriormente. Porém, antes de entendermos essa inter-relação, é interessante procurarmos compreender em qual dos grupos de valores laborais você se enquadra, bem como os tipos motivacionais de valores associados a esse grupo. Dessa forma, você poderá compreender se seus valores estão em conflito ou não e decidir como lidar com a situação.

Primeiramente, leia o questionário a seguir e avalie todas as opções de acordo com o grau de importância que elas têm para você neste momento de sua vida: nada importante, 1; pouco importante, 2; importante, 3; muito importante, 4; extremamente importante, 5. Não deixe nenhuma linha em branco.

QUESTIONÁRIO 1 → GRAU DE IMPORTÂNCIA DOS VALORES DE TRABALHO

	VALORES DE TRABALHO	GRAU DE IMPORTÂNCIA				
		NADA IMPORTANTE	POUCO IMPORTANTE	IMPORTANTE	MUITO IMPORTANTE	EXTREMAMENTE IMPORTANTE
1	Ter prazer no trabalho que executo	1	2	3	4	5
2	Poder colaborar para o desenvolvimento da sociedade	1	2	3	4	5
3	Conseguir alcançar uma posição de destaque	1	2	3	4	5
4	Ter estabilidade financeira	1	2	3	4	5
5	Realizar trabalhos que sejam interessantes	1	2	3	4	5
6	Conseguir ser útil para a sociedade	1	2	3	4	5
7	Poder supervisionar outras pessoas	1	2	3	4	5
8	Proporcionar melhores condições de vida para mim mesmo	1	2	3	4	5
9	Ter um trabalho com o qual me identifique	1	2	3	4	5
10	Ter compromisso com questões sociais	1	2	3	4	5
11	Obter prestígio	1	2	3	4	5
12	Conseguir me sustentar	1	2	3	4	5
13	Ter um trabalho intelectualmente estimulante	1	2	3	4	5
14	Poder colaborar com colegas de trabalho para o crescimento do grupo	1	2	3	4	5
15	Alcançar status no trabalho	1	2	3	4	5
16	Conseguir aumentar meus ganhos financeiros	1	2	3	4	5
17	Poder realizar trabalhos significativos para mim	1	2	3	4	5
18	Ter bom relacionamento com colegas de trabalho	1	2	3	4	5
19	Ter superioridade profissional graças ao meu trabalho	1	2	3	4	5
20	Ter estabilidade profissional	1	2	3	4	5
21	Ter autonomia para realizar meu trabalho	1	2	3	4	5
22	Conhecer pessoas	1	2	3	4	5
23	Ser competitivo	1	2	3	4	5
24	Possibilitar a supressão de necessidades materiais	1	2	3	4	5

Fonte: adaptado de Porto e Tamayo (2007).

Após pontuar cada uma das alternativas, você deve transcrever para as tabelas a seguir a pontuação que atribuiu à respectiva afirmativa, conforme a numeração indicada. Por exemplo, se atribuiu 5 pontos (muito importante) para a questão 1, procure no questionário a seguir o número 1 e, na coluna pontos, coloque 5 em frente ao número 1. Após transcrever todas as pontuações, some os pontos em cada grupo. Por fim, o grupo com maior pontuação indica qual é o seu grupo de valores laborais preponderante. Por exemplo, se a maior soma aparecer no grupo *Realização profissional*, isso significa que esse é seu grupo de valores laborais predominante.

QUESTIONÁRIO 2 → IDENTIFICAÇÃO DO GRUPO DE VALORES LABORAIS PREDOMINANTE

QUESTÕES	PONTOS		QUESTÕES	PONTOS	
1			3		
5			7		
9		REALIZAÇÃO PROFISSIONAL	11		PRESTÍGIO
13			15		
17			19		
21			23		
SOMA			SOMA		

QUESTÕES	PONTOS		QUESTÕES	PONTOS	
2			4		
6			8		
10		RELAÇÕES SOCIAIS	12		ESTABILIDADE
14			16		
18			20		
22			24		
SOMA			SOMA		

Fonte: elaborado pela autora.

Identificou seu grupo de valor laboral preponderante? Era o que imaginava, ou foi pego de surpresa? Por vezes, nós nos surpreendemos com alguns resultados, mas é importante observar que esse resultado é uma manifestação de como estamos nos expressando neste momento e diante das circunstâncias atuais da vida. Por vezes, o resultado de testes como este podem mudar devido a novas situações pessoais e no trabalho. Somos múltiplos e flexíveis, variamos e mudamos com o passar do tempo. Então, guarde o resultado deste teste e o refaça daqui a um tempo para verificar quanto mudou.

Agora que você já sabe qual é o seu atual grupo de valores laborais, aproveite para dar uma olhada na página 87 para recordar quais são os tipos motivacionais de valor que pertencem a esse grupo.

Depois de se inteirar a respeito de seus valores laborais, vamos identificar seu atual valor pessoal. Da mesma forma que no questionário anterior, classifique as afirmativas a seguir segundo o grau de importância de cada uma delas para você: nada importante, 1; pouco importante, 2; importante, 3; muito importante, 4; extremamente importante, 5. Não deixe nenhuma linha em branco.

QUESTIONÁRIO 3 → GRAU DE IMPORTÂNCIA DOS VALORES PESSOAIS

	VALORES DE TRABALHO	GRAU DE IMPORTÂNCIA				
		NADA IMPORTANTE	POUCO IMPORTANTE	IMPORTANTE	MUITO IMPORTANTE	EXTREMAMENTE IMPORTANTE
1	Defender a igualdade de tratamento para todas as pessoas	1	2	3	4	5
2	Auxiliar na proteção e preservação da natureza	1	2	3	4	5
3	Zelar e ajudar na manutenção do bem-estar de pessoas próximas	1	2	3	4	5
4	Ser leal a pessoas próximas	1	2	3	4	5
5	Defender o cumprimento de regras a todo momento	1	2	3	4	5
6	Evitar fazer coisas que possam ser consideradas erradas	1	2	3	4	5
7	Procurar não pedir mais do que se tem	1	2	3	4	5
8	Respeitar as crenças religiosas e cumprir os seus mandamentos	1	2	3	4	5
9	Viver em local seguro e evitar o que coloque em risco minha segurança	1	2	3	4	5
10	Defender a ordem social e lutar para que o país esteja livre de ameaças internas e externas	1	2	3	4	5
11	Possuir bens e dinheiro	1	2	3	4	5
12	Comandar e ser obedecido	1	2	3	4	5
13	Ser admirado pelas pessoas pelo que faço	1	2	3	4	5
14	Obter sucesso e reconhecimento	1	2	3	4	5
15	Buscar o que me dá prazer e diversão	1	2	3	4	5
16	Apreciar os prazeres da vida e cuidar bem de mim mesmo	1	2	3	4	5
17	Procurar coisas novas e diferentes para fazer e provar	1	2	3	4	5
18	Embarcar em aventuras, procurar o novo	1	2	3	4	5
19	Ser criativo e poder aplicar ideias	1	2	3	4	5
20	Ter autonomia para decidir e liberdade para escolher	1	2	3	4	5

Fonte: adaptado de Schwartz (2006).

Após responder o questionário anterior, transcreva a pontuação com que classificou cada questão para o número respectivo no questionário a seguir. Por exemplo, se classificou a questão 1 com pontuação 5, transcreva o número 5 em frente ao número 1 na tabela a seguir. Não se preocupe: algumas questões se repetem em mais de um grupo de valores. Após transcrever todas as pontuações, some os pontos em cada grupo. Por fim, o grupo com maior pontuação é o seu atual grupo de valores pessoais preponderante. Por exemplo, se a maior soma aparecer no grupo *Abertura à mudança*, isso significa que esse é o seu atual grupo de valores pessoais predominante.

QUESTIONÁRIO 4 → IDENTIFICAÇÃO DO GRUPO DE VALORES PESSOAIS PREDOMINANTE

QUESTÕES	PONTOS		QUESTÕES	PONTOS	
11			15		
12			16		
13		AUTOPROMOÇÃO	17		ABERTURA À MUDANÇA
14			18		
15			19		
16			20		
SOMA			SOMA		

QUESTÕES	PONTOS		QUESTÕES	PONTOS	
			5		
1			6		
2			7		
3		AUTOTRANSCENDÊNCIA	8		CONSERVAÇÃO
4			9		
			10		
SOMA			SOMA		

Fonte: elaborado pela autora.

Depois de verificar qual é o seu atual grupo de valores pessoais predominante, volte para a página 83 para recordar quais são os tipos motivacionais de valor que pertencem a esse grupo.

Agora que você já sabe qual é o seu atual grupo de valores laborais preponderante e o seu atual grupo de valores pessoais preponderante, é hora de verificar se os seus valores estão em uma relação de equilíbrio ou de conflito. Vá em frente e verifique se os seus dois grupos com maior pontuação se inter-relacionam de maneira positiva.

Valores em equilíbrio ou em conflito

As teorias que estudam a relação entre os valores pessoais e laborais identificam polos entre esses dois tipos de valores: um polo estabelece relações consoantes (em equilíbrio, que apontam na mesma direção), enquanto o outro define as relações conflitantes (em desequilíbrio, que apontam em direções opostas), como ilustrado na figura 3.

Primeiro, o polo de valores consonantes indica que, quando um grupo de valores é importante na vida pessoal, seu equivalente laboral também é importante para o indivíduo.

FIGURA 3 → VALORES CONSONANTES

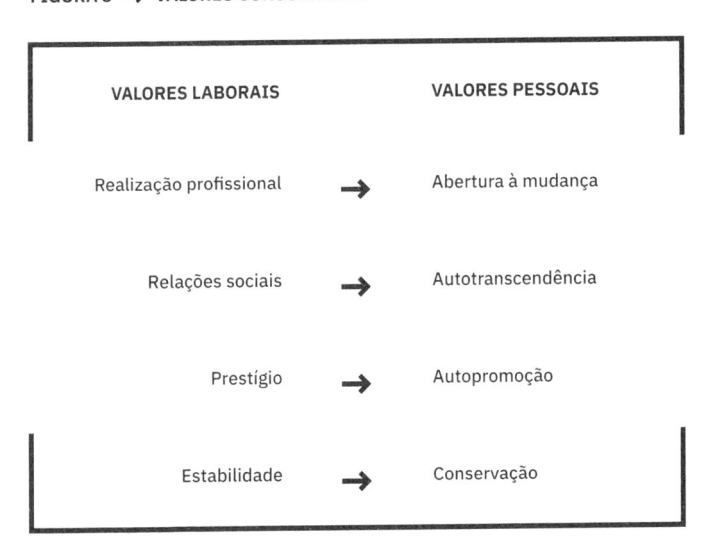

VALORES LABORAIS		VALORES PESSOAIS
Realização profissional	→	Abertura à mudança
Relações sociais	→	Autotranscendência
Prestígio	→	Autopromoção
Estabilidade	→	Conservação

Fonte: elaborada pela autora.

Em teoria, quando um grupo de valores fosse importante na vida pessoal, a existência do grupo de valores opostos no âmbito do trabalho seria inexistente. Porém, como ficou evidente em minhas pesquisas, descobri que é possível, sim, que uma pessoa cultive valores opostos em conflito. Ou seja, há indivíduos que nutrem valores profissionais conflitantes com os valores que direcionam sua vida pessoal.

Analise os resultados dos seus testes. Por exemplo, se o seu maior grupo de valores pessoais foi *conservação* e o seu maior grupo de valores laborais foi *estabilidade*, seus valores estão em equilíbrio. No entanto, caso seu grupo de valores pessoais tenha sido classificado como *abertura à mudança* e, por exemplo, seu grupo de valores laborais tenha sido *estabilidade*, seus valores estão em conflito. Devo dizer que não escolhi esse exemplo ao acaso: essa inter-relação conflituosa foi a que mais apareceu durante minha pesquisa.

Difusão e compensação

Se seus valores pessoais e laborais estão em equilíbrio, você se encaixa em um grupo de pessoas que não têm necessidade de compensar o desequilíbrio entre as relações profissionais e as relações de trabalho. Nesse caso, é muito provável que o seu trabalho corresponda diretamente às questões que você preza. Schwartz chama essa relação de difusão.

Por outro lado, aqueles cujos valores não seguem a relação apresentada são considerados, segundo a teoria, pessoas que estão em conflito. Se você faz parte desse grupo, não se preocupe: esse é um grupo que tem crescido muito nos últimos anos.

Entretanto, isso não é motivo para se desesperar, nem quer dizer que há algo errado com você, pois é possível buscar o equilíbrio. Para aqueles que estão em conflito, a estratégia mais comum para alcançar o equilíbrio é entender o trabalho como um caminho, mas não o único caminho, para gerar sua satisfação. É o entendimento de que podem buscar uma compensação, de forma que o trabalho lhes proporcione condições para que encontrem a realização em outro âmbito da vida. Assim, um trabalho desgastante é compensado quando o indivíduo utiliza o que ganha para satisfazer seus valores pessoais. Ou seja, o trabalho se torna uma ferramenta que permite ao indivíduo consumir aquilo que, de fato, lhe traz satisfação.

4

trabalho tanto, mereço um agrado

consumo utilitarista

O consumo tem sido estudado tanto no marketing quanto na economia, podendo ser conceituado e entendido de diversas formas, tais como fruição ou apropriação de produtos, ou mesmo utilização de recursos para a aquisição de bens. Durante muito tempo, o consumo foi classificado exclusivamente como uma experiência de escolhas racionais que visavam o equilíbrio entre utilidade e dispêndio monetário.

Essa relação custo/benefício entendia que o indivíduo deveria consumir o que lhe fosse útil, de forma que o consumo de itens luxuosos ou supérfluos era entendido como prejudicial à formação do caráter. Tal visão negativa a respeito do consumo fez com que os detentores do poder criassem leis para inibir o consumo e difundissem questões sociais e morais visando afastar os indivíduos do consumo hedônico. Santo Agostinho foi além, associando o consumo não utilitarista ao pecado, e não apenas como um mero corruptor do caráter. O consumo passou a ser considerado uma ação típica de pessoas sem pureza de alma, as quais mereciam o castigo divino.

A partir do século XVII, com o desenvolvimento da economia, entendeu-se a relação entre consumo, produção e mercado, bem como sua influência para o crescimento e enriquecimento das nações e para a manutenção dos meios de produção. Com isso, o consumo se tornou relevante e merecedor de atenção. Paulatinamente, a forma como os indivíduos consomem começou a mudar.

Durante a Revolução Industrial, o consumo assumiu um papel de protagonista nos hábitos e modos de viver. A realidade das pessoas estava mudando, bem como suas relações com o trabalho, com o campo e com as cidades, e o consumo era uma das forças propulsoras desse movimento. Desde então, a forma de vivenciar o consumo mudou, em decorrência das mudanças ocorridas nos modos de produção. Gradativamente, compreendeu-se que o consumo tem uma parcela de contribuição muito maior do que se pensava para questões sociais, filosóficas, econômicas e culturais, afetando diretamente o mercado, o trabalho e, principalmente, a forma como satisfazemos nossas necessidades.

Desse modo, o consumo assumiu um papel central na leitura que se fazia dos indivíduos: manipulado ou autônomo, criativo ou conformista, criador ou criatura, massa ou sujeito, racional ou irracional, utilitarista ou hedônico – para listar algumas das dicotomias que envolveram o sujeito e sua relação com o consumo desde o início da era moderna. Desde esse início, passou-se a compreender o consumidor como um ser complexo e múltiplo, que posiciona o consumo como um produtor de sentido e de identidades para si próprio. As relações de consumo não são simplistas, mas têm nuances e divergências de interpretação. Essa complexidade das relações e a propensão do consumo em afetar as grandes questões da vida faz com que ele assuma um papel central na definição da sociedade contemporânea.

Ao analisarmos esse breve histórico, fica claro que o consumo nunca foi visto exclusivamente como ação de esgotamento de bens e serviços, como acusa sua definição. Ao longo dos séculos, o modo de consumir auxiliou os cientistas e pesquisadores sociais a entender as mudanças ocorridas com os indivíduos. Por meio da observação de comportamentos de consumo, mudanças sociais puderam ser compreendidas. Por meio da observação das variadas expressões imbuídas nos bens adquiridos e nas potencialidades de consumo, pôde-se compreender os indivíduos de uma determinada época e a sociedade em que estavam inseridos.

O consumo possibilita analisar as novas realidades estabelecidas, pois representa expressões de comportamento. Analisar o que se consome auxilia na compreensão de prioridades, grupos, estilos e preferências dos indivíduos. De fato, somos aquilo que consumimos. Somos a maneira como nos comportamos ao consumir. Essa ação de consumo se torna uma representação do indivíduo. De certa maneira, a cada ato de consumo o indivíduo se posiciona em relação à sociedade, assumindo e expressando seus valores. A aquisição de um bem de consumo pode ser uma apresentação pública da opinião, gosto, valor ou identidade de uma pessoa.

A grande maioria das decisões de consumo carrega expressões latentes do ser, por isso são expressões de valores, de prioridades, de necessidades. Atualmente, as decisões de consumo são manifestações de quem somos ou de quem queremos que as pessoas entendam que somos. Somos motivados a consumir para a satisfação de necessidades, em busca de prazer, como afirmação ou defesa do status, entre muitos outros motivos.

consumo hedônico

A relação entre economia e cultura define o consumo atual, e o indivíduo tem se aproximado da perspectiva apresentada por Foucault, que entende o trabalhador como um empreendedor de si mesmo, o gestor de um capital que é gerado por sua força de trabalho. Nessa perspectiva, o indivíduo não apenas vende sua força de trabalho – como entendia o taylorismo e o conceito de *homo economicus* –, mas ele a gerencia e lucra com ela. A cada movimento de qualificação profissional, pessoal ou educacional, ele busca se valorizar para gerar mais capital para si.

É cada vez mais comum ouvir pessoas justificarem suas decisões de consumo usando frases como "trabalho demais, por isso mereço esse presente", ou "trabalho tanto, mereço um agrado". Justificando-se dessa maneira, os indivíduos compram bens materiais, tais como carros, roupas, dispositivos tecnológicos, ou mesmo experiências, tais como viagens, intercâmbios culturais, cursos e até mesmo idas a restaurantes mais refinados. Por meio do consumo, o posicionamento no trabalho é compensado por uma abertura a experiências variadas e prazerosas.

Essa nova relação com o trabalho remete a uma mudança na relação com o consumo, pois, à medida que consome, o indivíduo produz sua própria satisfação. Entende-se, dessa forma, que o indivíduo não mais troca sua força de trabalho por recursos financeiros apenas para desenvolver uma relação de consumo baseada no custo/benefício, a fim de suprir suas necessidades básicas. O indivíduo torna-se, sim, um produtor de seu capital e de sua satisfação. O objetivo final de seu trabalho é conseguir a satisfação, que pode estar no ambiente profissional, nas realizações pessoais ou nas conquistas de bens de consumo.

Obviamente, a relação custo/benefício estabelecida por ele prevalece, com a diferença de que o benefício do item consumido é medido pela satisfação pessoal e por significados e valores embutidos. As individualidades vêm à tona nesse processo, de forma que algo pode gerar uma relação custo/benefício positiva para uma pessoa, mas negativa para outra.

É interessante destacar que a relação com o consumo passa a ser marcada por fatores de satisfação e significado. Sendo assim, os indivíduos consomem significados, satisfações de necessidades, geração de prazer. E cada um desses itens de consumo é definido por valores específicos que endossam as decisões de compra. O consumo ainda é feito para a satisfação de necessidades. A diferença é que essas necessidades são relativas, diferentes para cada indivíduo, pois as decisões de compra são relacionadas aos valores cultivados pelo indivíduo. Visto que cada valor pessoal e individual estabelece significados em relação a cada produto, o bem de consumo assume um significado diferente para cada consumidor, diretamente relacionado a seus valores pessoais. Assim, os bens de consumo se aproximam dos consumidores por causa do significado que carregam e de como esse significado é percebido pelo indivíduo. Essa relação entre valor e significado quebra a dicotomia entre consumo utilitarista e hedônico. Quando se defendia a dimensão utilitarista, afirmava-se que a relação custo/benefício e a satisfação das necessidades básicas eram determinantes para o consumo, enquanto que o consumo hedônico era relegado à busca de prazer, de aspectos multissensoriais e de aspectos emotivos da experiência de consumo.

O viés utilitarista do consumo hedônico

O consumo hedônico durante muito tempo foi considerado supérfluo, luxuoso, dispensável e evitável. Porém, essa perspectiva perde força com a noção de que o consumo está relacionado a significados e valores individuais. O consumidor é considerado utilitarista quando olha para um produto e avalia se o valor cobrado por ele é válido. O consumidor é considerado hedonista quando busca prazer e satisfação nessas relações de consumo. Sendo assim, um mesmo produto pode ser hedônico e utilitarista, dependendo do envolvimento, do significado atribuído e dos valores do indivíduo que o adquire, e as relações utilitaristas e hedônicas passaram a fazer parte das decisões de consumo de boa parte das pessoas. Obviamente, ainda é necessário que haja uma compatibilidade com o capital que se consegue produzir, com as intenções de prazer e com o significado que é apreendido e emitido pelo consumidor por meio da aquisição de um determinado produto.

O consumo hedônico é fundamentalmente focado na obtenção de prazer, na geração do gozo ou do bem-estar. Portanto, se um bom jantar com a família pode proporcionar essa sensação, esse jantar pode ser considerado um produto hedônico. De maneira interessante, nas últimas décadas, os consumidores que buscam prazer e relações multissensoriais conseguiram imprimir no consumo hedônico uma característica de compensação relacionada a trocas entre produtos, ou busca de bons preços e negócios. Para muitos consumidores hedônicos, o consumo não seria prazeroso se os endividasse ou se causasse perdas financeiras, de tempo e de esforço de trabalho.

Cada vez mais, o viés utilitarista no consumo hedônico tem ficado mais evidente, de modo que para que se tenha prazer na compra é preciso que alguns pontos compensem outros. Por isso, é importante destacar que a grande maioria das compras hedônicas não é fruto de ações impensadas ou decisões impulsivas. O consumo hedônico não é consumismo. O consumidor hedonista não se caracteriza, exclusivamente, como um consumidor irracional. O consumo hedonista moderno rompe a dicotomia entre a racionalidade econômica e a irracionalidade objetivando o prazer. Esse novo processo de compra construiu uma ponte entre os dois aspectos, até então considerados faces opostas e irreconciliáveis de uma mesma moeda.

O consumo hedônico continua tendo a mesma função, mas a ponte que se construiu entre o hedonismo e o utilitarismo está diretamente relacionada ao fato de que alguns sujeitos só sentem prazer no consumo quando existem compensações que justifiquem este ato. Em outras palavras, o consumidor assumiu as rédeas de suas ações: ele é racional e economicamente consciente de suas ações e opta por satisfazer suas prioridades de interesses. Mesmo que esses interesses sejam obtidos por meio de consumo hedônico.

O motivador de consumo desses indivíduos modernos e autodeterminados foi modificado. Eles passaram a determinar quais são seus interesses e prioridades, assim como quanto estão dispostos a dar em troca desse prazer, dessa satisfação. Essa relação racional e hedônica é direcionada, em parte, pelos valores pessoais e laborais que discutimos no capítulo anterior. Esses valores ajudam a determinar o que é interessante e relevante para cada indivíduo e, portanto, são capazes de influenciar nas decisões de consumo. O indivíduo consome o que é interessante para ele, desde que esse interesse seja reconhecido como uma prioridade pelos valores que cultiva.

Consumo hedônico como forma de compensação

As relações com o trabalho são muito diferentes hoje do que o eram cem anos atrás e, em muitos casos, exigem posturas que não refletem os valores pessoais do indivíduo. Para aqueles que se encontram nessa situação, sua relação com o consumo – o poder ter, estar e pertencer – pode auxiliá-los a encontrar um ponto de equilíbrio.

Ou seja, o consumo hedônico surge como uma forma de compensação para os indivíduos cujos valores pessoais e laborais se encontram em conflito. O consumo hedônico tem traços de racionalidade, lampejos de compensação e a certeza de que, para algumas pessoas, consumir é mais do que uma necessidade: é a realização, é a materialização do prazer, é o empoderamento de seres que precisam se modificar para conciliar a vida pessoal e a vida profissional.

Conhecer a si mesmo é fundamental nesse processo. Entender o que você de fato valoriza e o que o motiva faz toda a diferença.

Por exemplo, imaginemos que nos testes feitos no capítulo anterior seu atual grupo predominante de valores pessoais foi classificado como *abertura à mudança* e que seu atual grupo predominante de valores laborais foi classificado como *estabilidade*. A fim de equilibrar esse conflito, você poderia utilizar as condições que o trabalho lhe proporciona para realizar viagens ou outras atividades que ofereçam variedade, para alcançar a compensação por meio do valor *estimulação* (que faz parte do grupo *abertura à mudança*), ou mesmo realizar atividades que lhe tragam prazer, por meio das quais alcançaria a compensação pelo valor *hedonismo* (que faz parte do mesmo grupo).

Se seu atual grupo predominante de valores pessoais foi classificado como *autotranscendência* e seu grupo de valores laborais foi classificado como *prestígio*, talvez um caminho para a compensação seria proporcionar algo bom para pessoas próximas, o que traria a compensação pelo valor *benevolência* (do grupo *autotranscendência*), ou realizar trabalhos voluntários, por meio dos quais poderia alcançar a compensação pelo valor *universalismo* (do mesmo grupo).

Além disso, observe quais dos dez tipos motivacionais de valores estão associados ao grupo de valores mais pontuado quando preencheu o questionário sobre valores pessoais. É nesses valores e nas características atreladas a eles que você deverá focar sua atenção. São esses elementos que trazem a maior motivação para sua vida e que, portanto, você deveria buscar. Não faz sentido, por exemplo, compensar o conflito com uma viagem, se o que realmente o motiva e estimula é ver seus familiares felizes.

::

Invista nessas coisas!

::

Além do consumo para si próprio, a noção de consumo hedônico envolve também o consumo daquilo que pode gerar prazer e satisfação para as pessoas que se ama. Na Apresentação, falei das escolhas de minha mãe e de como ela renunciou a um bom trabalho pela oportunidade de proporcionar aos filhos uma formação superior de qualidade. No fundo, ela conseguiu suportar as dificuldades do trabalho porque encontrou a compensação no seu ato de *benevolência*. Ela trabalhou tanto, e seu agrado foi poder possibilitar conquistas para aqueles a quem amava.

Esse agrado é uma compensação, e pode ser o caminho para a manutenção do nosso estado de equilíbrio. Compensando ou não, estando em conflito ou não, devemos buscar constantemente a compreensão de quem somos, de quais valores temos como predominantes e do que pretendemos alcançar por meio de nossas relações de trabalho. Conhecer a si mesmo é uma das principais ferramentas para atingir o sucesso.

Existem formas variadas de entender a vida e o mundo do trabalho; formas variadas de se dedicar a atividades e de se sentir realizado. Compense, se for o caso, e ajude as pessoas próximas a compreender que, se precisarem, não há nada errado em buscar uma compensação.

∷

Sim, nós trabalhamos tanto e merecemos certos agrados.

∷

bibliografia

ALBA, J. W; WILLIAMS, E. F. Pleasure principles: a review of research on hedonic consumption. **Journal of Consumer Psychology**, v. 23, n. 1, 2013.

ALMEIDA, F. J. R.; SOBRAL, F. B. A. O sistema de valores humanos de administradores brasileiros: adaptação da escala PVQ para o estudo de valores no Brasil. **Revista de Administração Mackenzie**, v. 10, n. 3, 2009.

ALBUQUERQUE, F. M. F. Prazer em consumir: motivações Hedônicas de consumidores em experiências de não compra. **IV Encontro de Marketing da ANPAD**. 2010.

ARNOLD. M. J; REYNOLDS, K. E. Hedonic shopping motivations. **Journal of Retailing**, v. 79, p. 77–95, 2003.

BARBOSA, L.; CAMPBELL, C. **Cultura, consumo e identidade**. Rio de Janeiro: Editora FGV, 2006.

BILSKI, W. A estrutura de valores: sua estabilidade para além de instrumento, teorias, idade e culturas. **Revista de Administração Mackenzie**, v. 10, n. 3, 2009.

CASTRO SOLANO, A.; NADER, M. La evaluación de los valores humanos com el Portrait Values Questionnaire de Schwartz. **Interdisciplinaria**, v. 23, n. 2, 2006.

CHOMSKY, N. **Notas sobre o anarquismo**. Tradução de Felipe Corrêa, Bruna Mantese, Rodrigo Rosa e Pablo Ortellado. São Paulo: Hedra, 2011.

DRUCKER, P. F. **Sociedade pós-capitalista**. Tradução de Nivaldo Montingelli Jr. São Paulo: Pioneira/Publifolha, 1999.

ELIZUR, D.; SAGIE, A. Facets of personal values: a structural analysis of life and work values. **Applied Psychology**: an international review, v. 48, p. 73-87, 1999.

FÁVERO, L. P. **Análise de dados**: modelos de regressão com EXCEL, STATA e SPSS. Rio de Janeiro: Elsevier, 2015.

FEATHERSTONE, M. **Cultura de consumo y posmodernismo**. Buenos Aires: Amorrortu Editores, 2000.

FOUCAULT, M. **Nascimento da biopolítica**. São Paulo: Martins Fontes, 2008.

HAIR Jr., J. *et al.* **Análise multivariada de dados**. Porto Alegre: Bookman, 2009.

HARARI, Y. N. **21 lições para o século 21**. Tradução de Paulo Geiger. 1. ed. São Paulo: Companhia das Letras, 2018.

HERNANDEZ, J. M. da C. Foi bom para você? Uma comparação do valor hedônico de compras feitas em diferentes tipos de varejistas. **Revista de Administração Mackenzie**, v. 10, n. 2, mar./abr. 2009.

HIRSCHMAN, E. C.; HOLBROOK, M. B. Hedonic consumptiom: emerging concepts. **Journal of Marketing**, v. 46, 1982.

JESUS, A. L. S. **Valores pessoais e valores do trabalho**: um estudo com estudantes de enfermagem. 2006. Dissertação (Mestrado em Psicologia) – Departamento de Psicologia, Universidade Católica de Brasília (UCB), Brasília, 2006.

LIPOVETSKY, G.; SERROY, J. **A cultura – mundo**: resposta a uma sociedade desorientada. São Paulo: Companhia da Letras, 2011.

MALHOTRA, N. K. **Pesquisa de marketing**: uma orientação aplicada. Porto Alegre: Bookman, 2012.

MARTÍNEZ, J. J. V. Procedimento de escala para a medição de valores. *In*: ROS, M.; GOUVEIA, V. V. (org.). **Psicologia social dos valores humanos**: desenvolvimentos teóricos, metodológicos e aplicados. São Paulo: Editora Senac São Paulo, 2006.

MAXIMIANO, A. C. A.; **Teoria geral da administração**: da revolução urbana à revolução digital. São Paulo: Editora Atlas, 2012.

McCRACKEN, G. Cultura de consumo: uma explicação teórica da estrutura e do movimento do significado cultural dos bens de consumo. **Revista de Administração de Empresas**, v. 47, n. 1. 2007.

MINOIS, G. **A idade de ouro**: história da busca da felicidade. São Paulo: Editora Unesp, 2011.

PORTO, J. B. **Estrutura e transmissão dos valores laborais**: um estudo com estudantes universitários. 2004. Tese (Doutorado em Psicologia) – Instituto de Psicologia, Universidade de Brasília (UnB), Brasília, 2004.

PORTO, J. B. Valores do trabalho e seu impacto sobre atitudes e comportamento no trabalho. *In*: TEIXEIRA. M. L. M. (org.). **Valores Humanos & Gestão**: novas perspectivas. São Paulo: Editora Senac São Paulo, 2008.

PORTO, J. B.; TAMAYO, A. Escala de valores do trabalho: EVT. **Psicologia**: teoria e pesquisa, v. 19, n. 2, 2003.

PORTO, J. B.; TAMAYO, A. Estrutura dos valores pessoais: a relação entre valores gerais e laborais. **Psicologia**: teoria e pesquisa, v. 23, n. 1, 2007.

ROKEACH, M. **The nature of human value**. Nova York: Free Press, 1973.

ROS, M. Psicologia social dos valores: uma perspectiva histórica. *In*: ROS, M.; GOUVEIA, V. V. (org.). **Psicologia social dos valores humanos**: desenvolvimentos teóricos, metodológicos e aplicados. São Paulo: Editora Senac São Paulo, 2006.

ROS, M.; SCHWARTZ, S. H.; SURKISS, S. Basic individual values, work values, and the meaning of work. **Applied Psychology**: an international review, v. 48, p. 49-71, 1999.

SAGIE, A.; ELIZUR, D. The structure of personal values: a conical representation of multiple life areas. **Journal of Organizational Behavior**, v. 17, p. 573-586, 1996.

SCHWARTZ, S. H.; BILSKY, W. Toward a universal psychological structure of human values. **Journal of Personality and Social Psychology**, v. 53, p. 550-562, 1987.

SCHWARTZ, S. H. Universals in the content and structure of values: theoretical advances and empirical tests in 20 countries. *In*: ZANNA, M. P. (org.). **Advances in Experimental Social Psychology**, v. 24. San Diego: Academic, 1992.

SCHWARTZ, S. H. Valores humanos básicos: seu contexto e estrutura intercultural. *In*: TAMAYO, A.; PORTO, J. B. (org.). **Valores e comportamento nas organizações**. Petrópolis: Vozes, 2005.

SCHWARTZ, S. H. Há aspectos universais na estrutura e no conteúdo dos valores humanos? *In*: ROS, M.; GOUVEIA, V. V. (org.). **Psicologia social dos valores humanos**: desenvolvimentos teóricos, metodológicos e aplicados. São Paulo: Editora Senac São Paulo, 2006.

SENGE, P. M. **A quinta disciplina**: arte, teoria e prática da organização de aprendizagem. Tradução de Gabriel Zide Neto. 1. ed. Rio de Janeiro: Best Seller, 2018.

SERRALVO, F. A. Comportamento do consumidor: proposta de um modelo. **eGesta**, v. 5, n. 1, jan./mar. 2009.

SILVA, R. O. **Teorias da administração**. 3. ed. São Paulo: Pearson Education do Brasil, 2013.

SLATER, D. **Cultura do consumo & modernidade**. São Paulo: Nobel, 2002.

TAMAYO, A.; BORGES, L. de O. Valores do trabalho e das organizações. *In*: ROS, M.; GOUVEIA, V. V. (org.). **Psicologia social dos valores humanos**: desenvolvimentos teóricos, metodológicos e aplicados. São Paulo: Editora Senac São Paulo, 2006.

TAUBER, E. M. Why do people shop? **Journal of Marketing**, v. 36, outubro 1972.

TRAGTENBERG, M. **Administração, poder e ideologia**. São Paulo: Moraes, 1980.

TORRES, C. V.; ALFINITO, S. Cultura e o comportamento do consumidor: os valores culturais são preditores do consumo? *In*: TEIXEIRA. M. L. M. (org.). **Valores humanos & gestão**: novas perspectivas. São Paulo: Editora Senac São Paulo, 2008.

WEBER, M. **A ética protestante e o "espírito" do capitalismo**. Tradução de José Marcos Mariani de Macedo. São Paulo: Companhia das Letras, 2004.

índice geral

Ambiente de trabalho, O, 32

Apresentação, 13

Autodeterminação como tipo motivacional de valor pessoal, 80

Benevolência como tipo motivacional de valor pessoal, 81

Conformidade como tipo motivacional de valor pessoal, 82

Consumo hedônico, 110

Consumo hedônico como forma de compensação, 117

Consumo hedônico consciente, 46

Consumo utilitarista, 104

Difusão e compensação, 100

Do campo para a fábrica, 27

Estabilidade como grupo de valores laborais, 88

Estimulação como tipo motivacional de valor pessoal, 80

Estudos sobre motivação, 52

Eu sou essa pessoa (capítulo), 70

Grupos de valores laborais, 87

Grupos de valores pessoais, 83

Hedonismo como tipo motivacional de valor pessoal, 79

Hierarquia das necessidades de Maslow, A, 55

Mudanças sociais, mudanças no trabalho, 35

O que te motiva a trabalhar? (capítulo), 50

Poder como tipo motivacional de valor pessoal, 78

Prestígio como grupo de valores laborais, 89

Produzir, produzir, produzir!, 29

Questionários para identificação de valores, 90

Realização como tipo motivacional de valor pessoal, 78

Realização profissional como grupo de valores laborais, 88

Relação entre o ser humano e o trabalho, A, 24

Relações sociais como grupo de valores laborais, 89

Retorno do *homo economicus*, O, 37

Segurança como tipo motivacional de valor pessoal, 83

Tem gente que trabalha por dinheiro, e isso não é um problema (capítulo), 22

Teoria da expectativa de Vroom, 64

Teoria da realização de McClelland, 60

Tipos motivacionais de valores de Schwartz, 76

Trabalho tanto, mereço um agrado (capítulo), 102

Tradição como tipo motivacional de valor pessoal, 82

Universalismo como tipo motivacional de valor pessoal, 81

Valores, 72

Valores em conflito, 41

Valores em equilíbrio ou em conflito, 98

Viés utilitarista do consumo hedônico, O, 114